AF464830

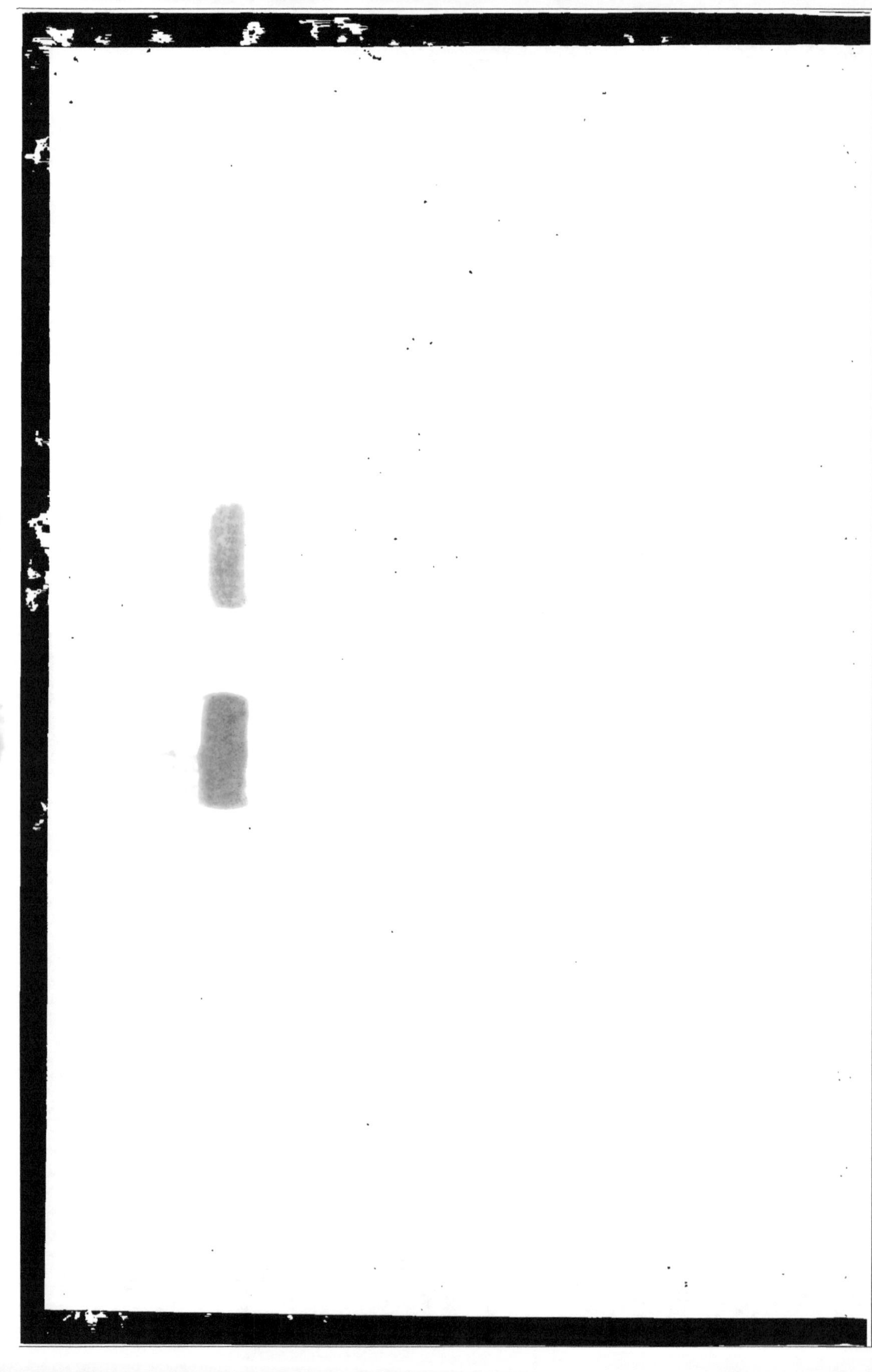

1870-1871

HISTOIRE

D'UN

BATAILLON DE MOBILES

PARIS. — IMPRIMERIE RENOU ET MAULDE, RUE DE RIVOLI, 144.

CHARLES BESSON

COMMANDANT DU 3e BATAILLON DE LA SEINE-INFÉRIEURE

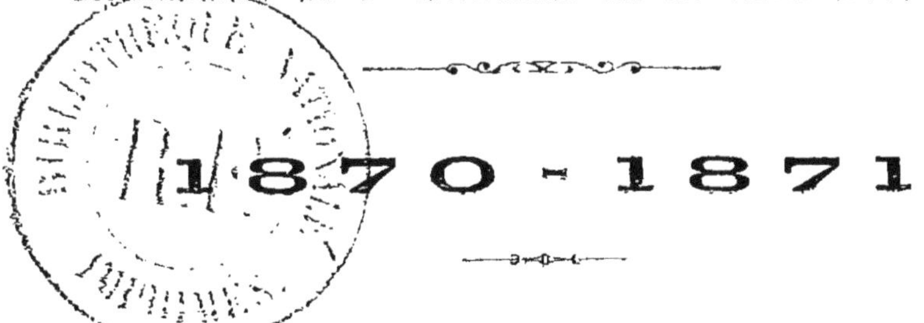

1870-1871

HISTOIRE

D'UN

BATAILLON DE MOBILES

SIÉGE DE PARIS

PARIS

E. LACHAUD, ÉDITEUR

4, PLACE DU THÉATRE-FRANÇAIS, 4

1872

Du même Auteur :

ÉTUDES POLITIQUES SUR LE SECOND EMPIRE.

1870 - 1871 — L'ARMÉE FRANÇAISE, SES VICES ET SA RÉORGANISATION.

ROUEN, PORT DE GUERRE DE PARIS.

AVANT-PROPOS

Notre but, en écrivant ces pages, n'est pas seulement de raconter l'histoire de notre bataillon. Nous nous sommes proposé de faire une œuvre plus complète et plus utile en groupant autour de notre récit les faits principaux dont nous avons été témoin. Nous pourrions donc mettre comme sous-titre à notre travail ces mots : *Notes historiques sur le Siége de Paris*. Nous garantissons la parfaite authenticité de tout ce que nous relatons.

Nous avons aussi voulu montrer, par l'exemple de ce qui nous est arrivé, qu'il est impossible de porter un jugement quelconque sur la garde nationale mobile, attendu que l'essai de cette institution n'a pas encore été fait. A la vérité, elle a existé, et en temps de guerre; mais, dans des conditions telles que l'on a le droit d'être étonné que certains bataillons aient eu au feu une conduite honorable, plutôt que de blâmer ceux qui n'ont pas fait leur devoir.

Rien de ce qui constitue une organisation militaire sérieuse n'a été employé pour la formation et pour l'instruction des corps de la garde mobile. Ceux qui se sont bien conduits, le doivent autant à la bonne volonté et au sentiment du devoir des hommes, qu'à l'abnégation et au dévouement des officiers.

C'est pour le prouver que nous commencerons notre récit en rappelant les différentes phases par lesquelles la garde mobile a passé depuis le vote de la loi qui l'a instituée jusqu'à sa mobilisation pendant la guerre de 1870.

Puisse l'exemple du passé être une leçon profitable pour l'avenir !

I

Avant la Mobilisation.

Après bien des discussions, bien des changements apportés au texte primitif, la loi du 1er février 1868 fut votée par le Corps législatif; l'institution de la garde nationale mobile fut décidée.

Malgré toutes les restrictions qui en rendaient l'application presque impossible, cette loi réalisait un progrès, puisqu'elle était le premier pas fait dans la voie du service obligatoire. Elle eût pu rendre de grands services à notre pays en dépit de toutes ses imperfections et lui apporter, au moment d'une guerre, un élément considérable de force militaire.

Mais on acheva de la rendre impopulaire et impraticable par l'essai malheureux qu'on en fit à Paris, et par l'esprit funeste qui présida au choix des officiers.

Paris, centre de résistance et d'indiscipline, était la dernière ville où la nouvelle institution devait être mise à l'épreuve; les événements ne l'ont que trop montré.

D'un autre côté, au lieu de se renfermer strictement dans le texte de la loi, et de ne choisir les officiers que parmi les hommes les plus influents et les plus honorables de leur pays, mais sachant le métier de soldat, en un mot, capables de commander, on nomma aux grades de commandant et de capitaine des hommes complétement étrangers à l'armée, n'ayant aucune notion de l'état militaire.

Ces grades furent l'objet des convoitises d'une foule d'ambitieux, avides de se créer une popularité, de porter un uniforme sans avoir eu le mal de le gagner, de parader dans leurs cantons et dans leurs villages en temps de paix. Aucun d'eux ne pensait qu'il faudrait un jour prendre leur rôle au sérieux et affronter les périls et les souffrances de la vie de campagne. C'est ce qui explique cette multitude de démissions qui furent données soit au moment de la mobilisation, soit pendant la guerre.

L'organisation qui avançait peu à peu dans toute la région du Nord et de l'Est, fut subitement arrêtée par la mort de M. le maréchal Niel, le créateur de la garde mobile.

Le Corps législatif était, à cette époque, opposé à la mise à exécution de la loi du 1er février qui lui enlevait ses fils et ses neveux pour en faire de simples soldats comme le dernier ouvrier ou le plus pauvre paysan; le gouvernement impérial redoutait une institution qui n'était autre chose que le principe de la nation armée, principe dont il ne voulait pas entendre parler comme étant l'antipode du gouvernement personnel; enfin l'essai malheureux tenté à Paris donnait un motif plausible à l'abandon de la loi nouvelle.

Aussi M. le maréchal Lebœuf, tout disposé à condescendre aux moindres caprices du maître, fit arrêter la formation des cadres de la garde mobile. L'ordre fut donné aux chefs de corps de ne plus s'occuper à l'avenir de cette organisation. On espérait la voir prochainement tomber dans l'oubli et disparaître.

Ce temps d'arrêt fut un malheur pour nos bataillons; car nous étions parvenus à recruter dans chaque compagnie d'anciens militaires pour remplir les importantes fonctions de sergent-major et d'instructeur. Lorsqu'on reprit la formation, pendant la guerre, ils refusèrent presque tous d'accepter ces emplois. Pour la plupart, atteints par la loi qui les rappelait au service, ils allèrent s'anéantir à Sedan, tandis qu'ils auraient été très-utiles comme sous-officiers et même comme officiers dans les bataillons de mobiles.

La loi du 1er février semblait complétement vouée à l'oubli quand survinrent les événements de 1870. Le ministère de la guerre, fidèle à son antipathie contre l'institution nouvelle, ne fit rien dans le principe pour la sortir du néant. Il fallut nos premiers désastres pour qu'il se souvînt qu'il y avait une force de cinq cent mille jeunes gens dont on pouvait tirer parti pour opposer une digue à l'invasion. Quand il daigna y songer, il était trop tard.

Les lenteurs sans nombre et le mauvais vouloir évident apportés par l'autorité militaire à la mobilisation permirent à l'ennemi d'arriver sous les murs de Paris avant que les bataillons des mobiles de province fussent non-seulement armés et habillés, mais même instruits.

Il est curieux de suivre en cette circonstance les hésitations et la mauvaise volonté du ministère de la guerre d'alors poussé par l'opinion publique et, malgré cela, ne voulant rien décider.

Voici, du reste, ce qui eut lieu du 15 juillet, époque de la déclaration de guerre, au 14 août, date de la mobilisation.

Aussitôt les hostilités commencées, plusieurs d'entre nous se rendirent au ministère pour solliciter la levée de nos bataillons. L'aide de camp du ministre nous répondit ces remarquables paroles : « Un peu de patience, il n'est pas en-« core temps ; mais soyez tranquilles, il y en aura pour tout « le monde! » Prévoyait-il déjà ce qui devait arriver un mois plus tard? Savait-il que nous n'étions pas prêts?

Le 16 juillet, un décret impérial prescrivit, pour les 1er, 2e et 3e corps, la réunion, aux chefs-lieux des départements, des cadres de la mobile. Or, ces cadres n'étaient pas nommés pour la plupart ; le décret n'eut aucune suite dans notre contrée.

Le 19 juillet, le ministre déclara qu'il ne pouvait prendre, comme officiers d'ordonnance auprès des généraux, des officiers de mobile ; cette excellente mesure ne fut pas observée plus tard, ce qui nous valut à Paris cette déplorable institution de l'état-major auxiliaire.

Le 20, une décision ministérielle prescrivit la recherche et la nomination immédiate des lieutenants et sous-lieutenants, ainsi que celles des sergents-majors, des instructeurs, des tambours et clairons.

Quarante-huit heures après, on nous réclama les états de propositions *ad hoc*. Mais où prendre ces gradés après l'abandon, le discrédit qui avaient frappé la garde mobile, et en face du refus de la plupart des anciens militaires qui avaient accepté ces fonctions dans le principe ?

Il fallut s'en rapporter au hasard, rien ne pouvant guider pour le choix. C'est ce que je fis, et je puis certifier que, sauf de très-rares exceptions, le hasard me servit à souhait.

Je prévins seulement ceux qui venaient solliciter un grade qu'ils s'engageaient, par leur demande même, à apprendre leur métier militaire, et que, si au bout d'un certain temps, ils ne le savaient pas, je proposerais leur renvoi.

Beaucoup de mes jeunes officiers se mirent courageusement à l'œuvre. Aussi, à la fin du siége de Paris, au moins la moitié d'entre eux n'eussent pas été déplacés, comme instruction et comme discipline, dans n'importe quel régiment de l'armée active.

Le 24 juillet, le ministère autorisa la garde mobile à avoir un adjudant sous-officier par bataillon et un fourrier par compagnie. Là encore nous dirons : Où les prendre? Où trouver ces éléments si indispensables à la discipline, à l'organisation et à la comptabilité d'un corps de troupe?

Je reçus la demande d'un ancien adjudant d'infanterie qui, dans la suite, me rendit les plus grands services et dont je ne saurais trop louer l'intelligence, l'activité et le dévouement. Il lui fallut de l'abnégation pour remplir avec zèle ses difficiles fonctions quand le ministère et l'intendance lui refusaient non-seulement l'indemnité de première mise à laquelle il avait droit, mais même la solde inhérente à son grade.

Le 27, le ministre décida que l'on donnerait à l'infanterie de la garde mobile le fusil modèle 1867, dit à tabatière, et soixante cartouches par homme. Armes et munitions n'arrivèrent qu'environ un mois après cette décision. Nous en reparlerons.

Plusieurs circulaires, surtout l'une du 30, annoncèrent l'envoi, dans les bataillons, d'officiers de l'armée pour remplir les fonctions de comptables. Cette mesure ne fut pour ainsi dire pas appliquée, puisque, dans les quatre bataillons de notre département qui firent le siége de Paris, il n'y eut jamais que deux capitaines de la ligne et que, pour sa part, notre corps n'en reçut aucun.

Le 31 juillet, on prescrivit de faire des demandes pour obtenir des effets d'habillement qui devaient, d'après la circulaire, être expédiés immédiatement Nous ne reçûmes rien.

Une décision du même jour fixa les indemnités des officiers payeurs et des vaguemestres; cependant l'intendance nous refusa plus tard ces indemnités et ne finit par les accorder qu'à la suite de réclamations et quand il lui fut impossible de contester plus longtemps le droit de ces employés.

Le 4 août, le ministre décida qu'il n'y aurait pas d'adjudants-majors dans les corps de mobile et ordonna, en même temps, de rechercher les éléments nécessaires pour désigner des officiers payeurs et de détail. Je me trouvai de nouveau en face de la même difficulté : où les prendre? Il fallut m'adresser à la bonne volonté et au dévouement de plusieurs de mes jeunes officiers qui, s'ils connaissaient la comptabilité d'une maison de commerce, n'avaient aucune connaissance de celle d'un bataillon.

Malgré tous ces ordres, dont la plupart ne recevaient pas d'exécution, il n'était encore, au commencement d'août, nullement question de nous mobiliser, pas même de réunir nos cadres pour les instruire.

Du reste, si nous avions des officiers, nous n'avions ni sous-officiers ni caporaux, attendu que les commandants de compagnie ne connaissaient pas leurs hommes; ils ne pouvaient faire de choix parmi des jeunes gens ayant tous les mêmes droits à un grade quelconque, c'est-à-dire n'en ayant aucun.

Cette lenteur que le gouvernement mettait à nous organiser, cette espèce de répulsion qu'il éprouvait à notre égard, exaspéraient nos mobiles. A la nouvelle de nos premiers désastres et en apprenant que l'ennemi envahissait notre pays, quelques-uns des officiers de Rouen et d'Elbeuf tentèrent une démarche auprès du général commandant le département.

La chose était peu militaire, mais excusable en raison du motif patriotique qui poussait ces messieurs à se révolter contre l'immobilité dans laquelle on les laissait au moment où notre patrie avait le plus grand besoin de toutes ses forces vives pour repousser l'ennemi.

Il leur fut répondu que bientôt on réunirait les cadres pour les instruire ; que, une fois les cadres dressés, on appellerait les hommes et que, après leur instruction, on les mobiliserait; mais, qu'on ne pouvait leur donner en ce moment des armes, car ce serait pour en faire un mauvais usage.

Quelle confiance on avait en eux!

Pendant ce temps, aidé par quelques personnes de bonne volonté, j'avais tenté, à Rouen, la formation d'un corps de volontaires, enfants perdus devant se tenir sans cesse en avant de l'une de nos armées pour l'éclairer et lui éviter ces funestes surprises de l'ennemi qui se renouvelaient à tout instant depuis celle de Wissembourg.

Nous parvînmes, en quelques jours, à réunir les engagements d'environ 300 hommes et des souscriptions pour 5,000 francs avec promesse de doubler les versements si le ministère accordait la formation.

Notre demande, soumise aussitôt au ministre, comportait l'autorisation pour les mobiles de faire partie du corps : refus; l'armement de volontaires avec des chassepots : nouveau refus. Enfin, l'aide de camp écrivit en marge de notre lettre et *par ordre :* « Le ministre n'a pas approuvé, parce que le projet de formation est contraire au texte de la loi! »

Sur ces entrefaites, le 12 août, parut enfin une décision prescrivant de mettre à exécution, le 16 courant, l'ordre du 16 juillet, c'est-à-dire la convocation des cadres, *seulement des cadres*, au centre de réunion de chaque bataillon. Pour nous, c'était à Elbeuf.

On voit jusqu'à quelle époque éloignée se trouvait rejeté le moment où la garde mobile organisée et instruite pourrait rendre des services et contribuer à la défense du pays. Cependant, un mois après, l'ennemi devait être devant Paris.

Ce même jour, 12 août, M. le préfet m'annonça que le ministre de l'intérieur, d'accord avec son collègue de la guerre, se chargeait de la réunion immédiate et de l'organisation de la garde mobile. Pour notre département, la convocation était fixée au surlendemain 14.

Le ministère de la guerre déclarait son impuissance; les préfets devaient bientôt remettre à l'autorité militaire les corps de mobiles armés, équipés, habillés et instruits.

Du moment où nous fûmes sous les ordres de la préfecture, l'organisation avança vivement.

Les événements marchaient avec une telle rapidité, les désastres succédaient si vite aux désastres, qu'il nous fallait être prêts dans le minimum de temps; c'est ce qui eut lieu.

II

Réunion à Elbeuf.

Il était impossible de convoquer et de réunir les hommes en quarante-huit heures dans un bataillon comprenant une étendue de pays de plus de trente lieues. Aussi, un dernier délai fut accordé; la réunion définitive eut lieu le 18 août. A partir de ce moment, commença en réalité l'instruction de notre bataillon.

Nous n'avions alors que six cents vieux fusils à piston, rouillés, avec lesquels on ne pouvait apprendre la charge et le tir des nouvelles armes. Ce nombre restreint était d'ailleurs insuffisant pour instruire un effectif de douze cents hommes.

Ce fut dans ces commencements où tout manquait, l'habillement, l'équipement, l'armement, que la tâche fut presque irréalisable pour le commandement.

Quand on organise sérieusement un corps quelconque, on

donne au chef tous les éléments nécessaires : des officiers et des sous-officiers comptables, ainsi que des instructeurs en nombre suffisant dans chaque compagnie ; en un mot, les cadres existent et contribuent à aider le commandement et à lui apporter le concours de leur expérience et de leur savoir.

Dans nos bataillons de mobiles, rien de semblable n'eut lieu ; il fallut que le chef de corps fût à la fois le commandant, le capitaine-major, l'officier-payeur et l'officier de détail ; il eut, en outre, à s'occuper de l'instruction des officiers, des sous-officiers et des hommes ; enfin, ce qui était au-dessus de tout ce qu'on peut imaginer comme corvée, dépendant à la fois du ministère de l'intérieur et de celui de la guerre, il dut journellement correspondre avec le préfet, les généraux, l'intendant, le capitaine-major, les maires et les brigadiers de gendarmerie des communes de huit cantons dont ses hommes provenaient ; outre cette correspondance, il lui fallut répondre aux lettres particulières des mobiles et des pères de famille demandant des délais ou des exemptions ; tous les jours il dut fournir des situations et des états numériques ou nominatifs aux différents chefs de service civils et militaires.

Enfin, comme dernier souci, les contrôles n'étant pas régulièrement établis, se trouvèrent remplis d'erreurs, par suite de faux renseignements donnés au capitaine-major ; la classe de 1869 manquait totalement.

Ce qui sauva la situation de notre bataillon et ce qui lui permit de progresser au milieu de tant de difficultés, ce fut, comme je l'ai déjà dit, le dévouement des officiers : quelques-uns remplirent les fonctions de payeur et d'officier de détail ; la plupart se livrèrent avec ardeur à l'étude de leurs théories pour apprendre leur métier militaire et pour se rendre capables de commander et d'instruire leurs hommes ; ce fut surtout, sous le rapport de l'instruction, le concours intelligent et dévoué de trois anciens officiers de l'armée, capitaines dans notre bataillon ; ces messieurs se chargèrent de former les sous-officiers.

Une autre circonstance vint apporter une difficulté de plus à notre organisation, ce fut le logement en ville de la majeure partie de nos mobiles. La caserne ne pouvait contenir que trois ou quatre cents hommes, et il y en avait douze cents. Il fallut, ou les laisser habiter chez eux, ou les disséminer aux environs. Or, un tel mode de cantonnement est contraire à l'ordre, à l'exactitude des réunions et, en général, à la discipline. De plus, certains de nos mobiles étaient logés fort loin de la caserne ; ils devaient faire un long trajet pour se trouver à l'exercice du matin et, le soir, parcourir le même chemin pour regagner leur demeure.

Je me plais à reconnaître que tous firent preuve d'une bonne volonté dont je ne saurais trop faire l'éloge. Durant trois semaines, ils firent matin et soir ces courses fatigantes et assistèrent avec régularité aux exercices. Chaque jour ils étaient debout pendant six heures, soit sur le terrain de manœuvres, soit pour y aller et en revenir ; les manquements aux appels furent extrêmement rares. Aussi, à la fin, la fatigue de la plupart était arrivée à un tel point que, pendant les repos qui duraient un quart d'heure à vingt minutes, beaucoup se couchaient sur l'herbe et s'endormaient.

Le ministère de la guerre continua, après notre réunion, à prendre des décisions funestes à la garde mobile et préjudiciables à ses cadres.

C'est ainsi que le 17 août parut une circulaire défendant de donner des grades dans nos bataillons à tous les hommes de vingt-cinq à trente-cinq ans. Les anciens militaires de cet âge eussent rendu de grands services à nos corps en y apportant leur instruction et leur habitude de la discipline.

Le 19, une autre circulaire interdit aux officiers supérieurs de la garde mobile de se pourvoir de chevaux dans les remontes de l'État. Il leur fallut acheter leurs montures dans le commerce, où elles étaient déjà hors de prix. Ils avaient à cet effet les 450 fr. de leur demi-entrée en campagne.

En même temps on leur déniait tout droit aux fourrages.

Tandis qu'on refusait l'indemnité de frais de bureau aux fonctionnaires officiers-payeurs, on leur prescrivit de se fournir de tous les registres et imprimés nécessaires à leurs bataillons. La liste ne comprenait pas moins de vingt articles différents.

Pour ne pas accorder à la garde mobile ce qui fût revenu de droit à tout corps de l'armée organisée, l'intendance s'appuyait sur un motif des plus subtils qu'elle fit, du reste, valoir aussi longtemps que cela lui fut possible. Elle prétendit que, malgré l'appel à l'activité, nous n'étions pas mobilisés, ce qui nous enlevait tout droit aux bénéfices de l'organisation militaire. Nous ne devions, suivant elle, être mobilisés qu'à partir du jour où, réunis au chef-lieu du département, nous serions mis en route pour un camp ou pour une place forte.

A l'aide de cette raison, on nous força de nourrir nos chevaux à nos frais et on nous fit payer avec notre propre argent toutes les dépenses accessoires qu'entraîne l'existence d'un corps de troupe en caserne.

C'est d'après ce même principe que, malgré l'impossibilité matérielle où nos sous-officiers se trouvaient de vivre moyennant 1 fr. 25 par jour, on leur refusa toute augmentation de solde ; qu'on dénia également à l'adjudant son indemnité et qu'on ne voulut accorder aux bataillons, ni adjudants-majors, ni officiers-payeurs, ces deux éléments indispensables de l'instruction et de la comptabilité dans un corps de troupe.

Dans la suite, pour tout ce qui fut pénible, tel que le service des avant-postes, les combats, les corvées, etc., nous fûmes complétement assimilés à l'armée active et traités comme en faisant partie ; pour tout ce qui fut avantageux par suite de cette assimilation, on nous répéta sans cesse que nous n'avions aucun droit, n'appartenant pas à l'armée active, mais étant de la mobile. Ce n'est qu'après les plus énergiques réclamations de nos généraux que nous finîmes par obtenir justice.

Le 24 août nous reçûmes les premiers effets d'habillement, des blouses, des képis ; mais ni pantalons, ni chaussures dont nos hommes avaient le plus grand besoin.

Le même jour, arriva notre nouvel armement ; ces fusils venaient de Toulon. On admet en France que toute arme qui sort des arsenaux de l'État doit être parfaite ; or, les fusils que l'on nous envoya étaient rouillés et non marqués, manquaient de ressorts et de percuteurs. Le mécanisme de la tabatière ou ne pouvait fonctionner, ou avait trop de jeu dans son logement.

Aussi, lorsqu'on les essaya, et malgré toutes les précautions prises, il se produisit des crachements si considérables que plusieurs hommes furent blessés. Quand on faisait le simulacre des feux pendant les exercices, presque tous les ressorts et les percuteurs cassaient. Les pièces étaient si mal ajustées et en si mauvais métal que souvent elles tombaient à terre lorsqu'on exécutait le mouvement de reposer sur les armes. En un mot, ces fusils étaient détestables, et il y avait eu un abus considérable de la part de celui ou de ceux qui avaient opéré la transformation. Ce n'étaient pas là des armes de guerre ; les hommes n'avaient en elles aucune confiance.

N'en ayant pas d'autres à notre disposition, et ces tabatières étant supérieures aux fusils à piston que nous possédions, il fallut nous en contenter.

Le 26 août, la préfecture me demanda combien j'avais d'hommes prêts à partir; je répondis : « Tout le bataillon, sauf de très-rares exceptions. » Cela était vrai, bien que l'instruction ne se fît que depuis huit jours.

Cette réponse étonna, attendu que nous étions beaucoup plus avancés que les bataillons voisins. Aussi, M. le préfet envoya-t-il une personne de confiance pour vérifier le fait, et, en cas de son exactitude, pour me demander ce que je pouvais désirer.

Cette visite me permit d'obtenir une chose que je souhaitais ardemment et qui eut pour nous une influence capitale pendant le siége de Paris.

La garde nationale mobile de la Seine-Inférieure, forte de cinq bataillons, devait en envoyer quatre à Paris ; le cinquième, celui du Havre, était destiné, ainsi que l'artillerie, à rester pour la défense du département.

Des quatre bataillons désignés pour partir, trois devaient former un régiment, le 50e de marche, et le quatrième être un corps isolé. Notre bataillon, comme le plus instruit, le plus tôt prêt, avait eu l'honneur d'être choisi comme le premier à marcher et devait faire partie du 50e régiment.

Je fis observer à la préfecture que la position d'un bataillon isolé était, pour le chef de corps et pour les hommes, bien préférable à celle d'un bataillon incorporé dans un régiment; par conséquent, puisqu'on voulait nous accorder une faveur, je demandai à être seul ; ce qui eut lieu.

C'est ainsi que, depuis son départ d'Elbeuf jusqu'à son retour dans ses foyers, le troisième bataillon des mobiles de la Seine-Inférieure eut toujours une existence indépendante ; il fit partie de brigades et de divisions ; mais il ne compta jamais dans un autre corps comme unité. Bien qu'on ait souvent dit et écrit qu'il était compris dans le 50e de marche, il est nécessaire de rectifier cette assertion et de bien préciser qu'il ne s'est pas un seul jour trouvé réuni à ce régiment.

Le 29 août, après bien des demandes, nous reçûmes enfin un premier envoi de chaussures. A la vérité elles étaient détestables, prenaient l'eau à souhait et semblaient plutôt faites en carton qu'en cuir ; mais, faute de mieux, il fallut les accepter.

Le 3 septembre, notre bataillon fut passé en revue par un conseiller d'État en mission extraordinaire. Après les compliments d'usage, il nous rappela le besoin que notre patrie avait besoin de tous ses défenseurs, et nous annonça que nous allions bientôt être appelés à prendre part à la guerre. Nous pûmes remarquer que, parlant beaucoup de la France, il ne dit pas un seul mot de l'empereur ni du gouvernement impérial. Sans doute il connaissait déjà Sedan et il prévoyait le 4 septembre.

La proclamation de la République produisit peu d'effet sur nos hommes. Le travail continua comme par le passé, et nul ne se fût aperçu du changement de régime, si une députation, fort minime du reste, de la ville d'Elbeuf, n'était venue, au nom des masses, nous sommer d'avoir à ôter les aigles qui décoraient les boutons de nos tuniques. Nous n'en fîmes absolument rien ; la chose en resta là.

Quant au sentiment intime de la plupart d'entre nous, le voici : la chute de l'Empire ne nous étonna pas ; elle était la conséquence forcée de Sedan ; un homme tombé aussi bas ne pouvait plus rester sur le trône de France. Mais, dans le premier manifeste de nos nouveaux gouvernants, une phrase nous frappa ; ce fut celle-ci : « Un gouvernement a été nommé d'acclamation. »

Nous savions ce qu'étaient de tels gouvernements, et les noms mis au bas de la proclamation, sauf celui du général Trochu, n'étaient pas propres à inspirer de la confiance dans les circonstances actuelles. On reconnaissait en eux les membres de l'extrême gauche, les hommes qui, depuis longtemps, s'étaient posés en adversaires déclarés de l'armée et de notre honneur national ; qui, pendant la guerre de 1866, s'étaient comportés en ennemis de leur patrie et en amis dévoués de la Prusse.

Enfin, l'escamotage du pouvoir était fait seulement au profit des députés de Paris qui s'imposaient à toute la France, sous prétexte de prendre en main le gouvernement tombé à l'aventure. Or, Paris avait toujours, par ses excès et ses folies, causé nos révolutions et nos désastres ; on était las d'être ainsi soumis aux caprices d'une ville folle, et on disait de tous côtés qu'il était temps enfin que la France fût gouvernée par la France.

Malheureusement nos députés manquèrent à leur mission,

à leur devoir et s'enfuirent au lieu de rester à leur poste. S'ils s'étaient de suite transportés à Nantes ou à Bordeaux, qu'ils y eussent établi le siége du gouvernement et qu'ils eussent déclaré qu'à eux seuls, les véritables représentants de la France, il appartenait de diriger les affaires jusqu'à la paix, que de défaites, que de sang, que de ruines nous eussent été épargnés! Notre pays alors se fût trouvé représenté, et la Prusse aurait eu un gouvernement avec qui traiter; il est probable que la guerre se fût terminée et que nous n'aurions eu à subir ni M. Jules Favre, ni M. Gambetta.

Les quelques hommes qui se placèrent eux-mêmes au pouvoir furent subis, mais jamais reconnus ; nos ennemis dédaignèrent, et avec raison, de négocier avec eux, ne leur accordant pas le droit de parler au nom de la nation. Paris ayant capitulé, la France fut sacrifiée et perdue.

Le 6 septembre, nous reçûmes l'annonce d'un envoi de vareuses et l'avis de nous tenir prêts à partir pour Paris.

Le 7, arriva l'ordre définitif du départ pour le lendemain.

Nous ne prîmes que cent quarante hommes, par compagnie, ce qui nous donnait pour sept pelotons, état-major compris, un effectif de mille hommes. Je savais, par expérience, que, au bout d'un mois de campagne réelle, il fallait compter sur une perte de quarante hommes par compagnie, ce qui les réduisait à cent hommes. Ce nombre est très-suffisant et ne doit même être guère dépassé quand on veut que les capitaines soient toujours maîtres de leurs soldats devant l'ennemi.

Les mobiles que nous laissâmes en arrière au nombre de quatre cents environ, y compris ceux qui n'avaient pas encore rejoint, formèrent la compagnie de dépôt et furent, plus tard, employés à constituer une partie du 6e bataillon, qui alla rejoindre le deuxième au Havre.

Au moment où nous partîmes, l'instruction militaire de nos hommes était complète, sauf pour l'école de tirailleurs que nous n'avions pu faire entièrement et que nous achevâmes à Paris.

La population d'Elbeuf nous fit, pendant notre séjour dans cette ville, l'accueil le plus sympathique. Jusqu'au moment où nous partîmes, elle nous donna les marques les plus évidentes d'estime et d'affection ; elle acclama notre bataillon partout sur son passage et fit les vœux les plus sincères pour ses succès en face de l'ennemi.

Il y avait bien des larmes dans tous ces braves cœurs dont notre bataillon emportait une partie avec un fils, un frère, un fiancé, pour quelques-uns même un mari. Mais il y avait aussi la conviction que tous feraient leur devoir, car la discipline, la bonne volonté, le dévouement, que tous ces jeunes gens avaient montrés dès le premier jour, étaient une garantie certaine pour l'avenir.

Ils sentaient que leur patrie avait besoin d'eux, qu'ils devaient tout lui sacrifier et qu'ils ne pouvaient rentrer dans leur pays que la tête haute, fiers à juste titre de s'être conduits comme des hommes d'honneur, quelle que fût l'issue de la guerre, quel que fût le sort que la fortune leur réservait.

Le drapeau que la ville d'Elbeuf confia à son bataillon de mobiles, est revenu sans tache, et peut à l'avenir porter, écrits dans ses plis, quelques noms glorieux.

III

A Paris.

A son arrivée à Paris, notre bataillon fut logé chez les habitants des quartiers de la Madeleine et du Nouvel-Opéra. Nous reçûmes le meilleur accueil de cette partie de la population parisienne qui regardait avec une curiosité, souvent accompagnée de sourires, ces mobiles dont l'ensemble présentait les types les plus divers des races qui peuplent notre patrie. Mais, tous sentaient déjà combien ils avaient besoin de ces enfants accourus des quatre coins de la France à leur secours, pour former bientôt, avec leurs bataillons, une ceinture vivante d'hommes armés autour de la capitale, loin de ses murs, en première ligne en face de l'ennemi.

Les 70 ou 80 corps de mobiles présents à Paris furent partagés, dès leur arrivée, en quatre groupes ou divisions, à la tête de chacune desquelles se trouvait un général. Notre bataillon fut, dans le principe, assez ballotté de l'un à l'autre de ces groupes ; il finit bientôt par être fixé dans la première division, commandée par M. le général de Liniers.

Pendant les quelques jours qui s'écoulèrent entre notre arrivée à Paris et le blocus définitif de cette ville, nous reçûmes encore de la préfecture de Rouen, des chaussures, des vareuses en quantité suffisante pour notre effectif, mais seulement 300 pantalons.

Tous ces effets étaient de la dernière qualité ; les souliers aussi mauvais que les précédents ; l'étoffe des vareuses et des pantalons si détestable qu'elle ressemblait plutôt à de l'amadou qu'à du drap. Aussi, nos hommes, une fois envoyés aux avant-postes, ne tardèrent pas à avoir leurs vêtements en loques et à être à peu près nus.

Les mobiles d'Elbeuf furent mieux partagés, car la ville avait tenu à habiller ses enfants et leur avait fourni des tenues en excellent drap.

Le 11 septembre, arriva de Rouen un ordre prescrivant de laisser les compagnies organisées par cantons. Étant loin, il nous fut possible de ne pas nous conformer à cet ordre inexécutable. En effet, à côté de cantons fournissant quatre-vingts hommes, tels que ceux d'Argueil ou de Boos, il s'en trouvait donnant cinq cents hommes, tel que celui d'Elbeuf. Il était irréalisable d'avoir des pelotons de quatre-vingts hommes à côté de pelotons de deux cent cinquante ; le service et les manœuvres eussent été impossibles dans es conditions.

Notre séjour à Paris fut marqué par une série de concessions du ministère de la guerre qui sembla comprendre enfin que, s'il voulait se servir des mobiles comme de l'armée active, il devait leur accorder les mêmes privilèges.

C'est ainsi que, le 11 septembre, les officiers supérieurs obtinrent les fourrages pour leurs chevaux ; que, le 16, la solde fut portée à 1 fr. 50 pour les hommes, 1 fr. 75 pour les sergents et les fourriers, 2 fr. pour l'adjudant et les sergents-majors ; que, le 20, les officiers eurent le complément de l'entrée en campagne ; enfin, que, le 16 et le 25 octobre, on compléta l'organisation de nos bataillons en nous accordant des adjudants-majors et des officiers-payeurs en titre.

Mais, nous eûmes encore bien des luttes à soutenir, bien des déceptions à supporter jusqu'au jour de notre envoi aux avant-postes.

D'abord, il nous fallait d'autres armes que celles que nous possédions. Malgré toutes les réparations tentées, les fusils à tabatière étaient de qualité tellement inférieure que leur usage était, sinon impossible, du moins très-dangereux pour les hommes.

On nous disait qu'il y avait très-peu de chassepots dans les magasins et que quelques bataillons seuls pourraient en obtenir. Aussi les chefs de corps faisaient sans cesse des démarches pour que leurs mobiles fussent pourvus les premiers.

Peu à peu, cependant, on découvrit des chassepots de tous les côtés, au Mont-Valérien, à Vincennes, au Louvre, cachés pour ainsi dire dans tous les coins. On en trouva même trop, car il y en eut assez, non-seulement pour armer tous les mobiles et les éclaireurs, mais encore pour en donner à un certain nombre de bataillons de la garde nationale de Paris.

Les plus grandes difficultés nous vinrent, encore et toujours, du mauvais vouloir et de l'incapacité de l'intendance.

Si nos hommes possédaient chacun une vareuse ou une

tunique, beaucoup n'avaient pas encore de pantalons; ils manquaient de chemises, de caleçons, de cravates, etc.; les chaussures qu'ils portaient ne valaient rien, il en fallait absolument d'autres. Puis, ils allaient être envoyés aux avant-postes au moment où la mauvaise saison commençait; il était nécessaire qu'ils eussent des effets d'habillement en double pour pouvoir se changer. Enfin, chacun devait être pourvu d'effets de campement : tentes-abris, couvertures, gamelles, bidons, etc. Sans cela impossible de les protéger contre le froid et de les nourrir.

Le rôle de l'intendance était de nous fournir ces différents objets indispensables au soldat en campagne.

C'est pourquoi, le 14 septembre, nous parvint une note officielle de l'intendant en chef ordonnant d'aller de suite toucher aux magasins du quai d'Orsay (ceux de l'intendance) les effets dont les hommes avaient besoin. On devait y trouver : vareuses, pantalons, souliers, ceintures, bidons, marmites, etc., en un mot, de tout et en très-grande quantité. J'envoyai mes mobiles dès cinq heures du matin; ils rapportèrent des ceintures et, je crois, des cravates; le reste manquait.

Et ce fut toujours ainsi! Combien de courses inutiles nos hommes n'ont-ils pas faites dans l'espoir, presque sans cesse déçu, d'obtenir enfin ce que l'on nous annonçait à tout moment comme existant à profusion dans les magasins et ce qui n'y était qu'en très-minime quantité ou même ce qu'on n'y avait jamais eu.

Malgré cela, l'intendant général nous fit savoir, le 16 septembre, qu'il se chargeait de toutes les fournitures de nos bataillons, sauf la solde qui continuait à nous être servie par le ministère de l'intérieur, jusqu'à ce que l'on nous donnât, avec les vivres de campagne, la même solde que l'armée active.

Ce fut, cette fois encore, une promesse non suivie d'effet. Le ministère de l'intérieur fut notre salut. Il avait établi ses magasins rue du Havre, et y distribuait, aux corps de mobiles, à peu près tous les effets dont ils avaient besoin, non-seulement comme habillement, linge et chaussures, mais encore comme équipement. Sauf les armes et le campement, je pus trouver là pour mes hommes ce qui leur manquait et ce que l'intendance était dans l'impossibilité de leur fournir.

Je ne saurais trop faire l'éloge de la complaisance et de la prodigieuse activité de l'homme placé à la tête de cette administration, M. Pélicier. Ses magasins ne cessaient de se désemplir et de s'emplir de nouveau. Nos bataillons y arrivaient manquant de tout et ressortaient pourvus de tout ce qui leur était nécessaire.

Il restait cependant trois choses indispensables que nous ne pouvions trouver à cette époque ni rue du Havre, ni quai d'Orsay : des sacs, des petites gamelles et des petits bidons. Il fallait que nos hommes les eussent avant d'être envoyés aux avant-postes; j'y tenais essentiellement. Les sacs en peau étaient introuvables.

L'intendant de notre division, convaincu à la fin de l'impuissance des magasins du quai d'Orsay, et ne pouvant lui-même trouver les fournitures nécessaires, autorisa les chefs de corps à faire des recherches et à passer des marchés pour ce qui manquait encore à leurs hommes.

J'avoue que je courus pendant huit jours dans les quartiers les plus éloignés de Paris avant de pouvoir me procurer ces trois objets : bidons, gamelles et sacs en peau; enfin, je les obtins ; mais, l'intendant refusa de ratifier les marchés passés. Il fallut que le général intervînt et donnât l'ordre de les accepter.

Notre bataillon fut donc dès lors pourvu de tout ce qu'il lui fallait, sauf de capotes de soldat dont je ne pus obtenir que 250 pour les hommes de service.

Le 18 septembre, Paris fut définitivement bloqué; les comunications avec l'extérieur cessèrent pour quatre mois et demi. Ceux qui avaient des fils, des frères ou des amis enfermés dans la capitale, pourront seuls se rendre compte des souffrances morales qui furent infligées à nos mobiles pendant ce long temps.

A partir du 18, commença pour nous le service des gardes aux remparts, service que firent les gardes nationaux après notre départ.

On employa en même temps nos hommes aux travaux de défense en dehors de Paris, à l'abattage d'une partie du bois de Boulogne ainsi que de toutes les maisons jusqu'à trois cents mètres de l'enceinte, et au creusement de mines, fougasses, trous de loup, etc.

Il faut le dire, surtout du côté où nous étions, entre Auteuil et Saint-Ouen, ces travaux de destruction furent parfaitement inutiles ; car l'ennemi ne pouvait arriver jusqu'aux fortifications sans s'être rendu maître du Mont-Valérien. Or, une fois ce fort pris, la ville n'était plus défendable. Les événements de la Commune l'ont prouvé, bien que les troupes de Versailles n'aient pas voulu profiter de la position dominante de la forteresse pour abîmer Paris sous une pluie de projectiles. Les Prussiens l'eussent fait; le bombardement du mois de janvier ne laisse nul doute à cet égard.

Ce qui se trouva au moins aussi inutile, ce furent toutes les barricades dont on couvrit les rues de Paris aux environs des fortifications. Ces barricades entravaient la circulation des troupes, de l'artillerie, des convois et ne servaient absolument à rien. Pas une seule n'eût pu résister à quelques coups de canon.

Il faut croire, surtout d'après le choix de l'homme qui en fut nommé l'organisateur en chef, que ce fut une satisfaction donnée à la populace de Paris pour la maintenir dans le calme. Quoi qu'en ait dit M. Jules Favre, cette populace existait; les Prussiens comptaient, et avec raison, sur son concours; nous le montrerons dans la suite de notre récit; d'ailleurs, le 18 mars en est la preuve la plus évidente.

Le 4 octobre, nous quittâmes le quartier où nous étions cantonnés pour aller nous installer dans un baraquement situé boulevard de Neuilly.

C'est seulement à partir de cet instant que notre bataillon se trouva réellement organisé et que les officiers furent maîtres de leurs hommes. Tant que nos mobiles avaient été dispersés dans les maisons, il était presque impossible de les réunir en cas de nécessité subite, à moins de faire battre le rappel. Ceci présentait de graves inconvénients au milieu d'une si grande agglomération de population et de soldats. Plusieurs fausses alertes de ce genre firent comprendre l'impossibilité d'avoir recours à un pareil moyen.

Pendant notre séjour au baraquement, notre bataillon acheva son instruction par l'étude de l'école des tirailleurs et à l'aide des marches militaires, les deux exercices les plus propres à former des soldats.

Le 19 octobre, nous arriva l'ordre de partir le lendemain pour les avant-postes; nous devions occuper Pantin et la Folie-Bobigny.

Cet ordre de départ fut reçu avec joie par tous ceux qui voulaient se rendre utiles et faire leur métier. Le séjour de Paris avait, en effet, de grands inconvénients à cette époque. La maladie commençait à se mettre dans nos bataillons; la vie matérielle devenait de plus en plus difficile; enfin, de tous côtés, des misérables, précurseurs de la Commune, cherchaient à détourner nos mobiles de leur devoir, à jeter l'indiscipline parmi eux, et les attiraient dans des clubs où les Flourens, les Pyat et autres de la même espèce débitaient toutes sortes d'insanités.

En résumé, nous pouvons dire que, lorsque le 20 octobre, nous quittâmes Paris pour aller aux avant-postes commencer le pénible service qui ne devait cesser pour nous que le jour de la capitulation, notre bataillon était prêt pour le combat; nos hommes étaient armés, équipés, habillés, instruits et surtout disciplinés.

La seule chose que nous n'avions pas encore pu faire, était le tir à la cible.

IV

Les élections et l'état-major auxiliaire.

Beaucoup de ceux qui avaient sollicité des grades de chef de bataillon ou de capitaine, en vue de l'uniforme et de l'influence, ne songèrent qu'à se soustraire aux exigences nouvelles de leur position, lorsque la guerre et la mobilisation furent décidées.

On vit affluer les démissions au ministère de la guerre, ce qui obligea, le 8 septembre, le ministre à lancer la circulaire suivante:

« Plusieurs officiers ont présenté leur démission; ces demandes portent le trouble dans l'organisation. Il est inadmissible que des personnes qui ont sollicité l'honneur d'être pourvus du grade qu'ils ont, se désistent sans de graves motifs exceptionnels qui seront appréciés par les généraux. Ces offres, si elles n'étaient pas fondées, auraient pour conséquence, non plus l'acceptation des démissions, mais la révocation, sans préjudice du service ultérieur comme soldat, soit dans l'armée, soit dans la garde nationale mobile ou sédentaire. »

Par malheur, cette circulaire ne fut pas plus exécutée que celle qui interdisait aux cadres de la mobile l'entrée des états-majors.

Si des officiers, pour des motifs très-respectables, obtinrent leur radiation et purent retourner dans leur pays, où leur présence était indispensable, beaucoup d'autres saisirent l'occasion, qui se présenta bientôt, pour abandonner lâchement leur poste et pour se réfugier dans une nouvelle institution. L'occasion fut, pour un grand nombre, les élections; l'institution fut, pour tous, l'état-major auxiliaire.

Par suite de l'influence néfaste de plusieurs de ses membres, le gouvernement de la Défense décida, le 17 septembre, que les officiers de la garde mobile seraient, comme ceux de la garde nationale sédentaire, élus par leurs hommes.

Cette décision eut pour effets de dépouiller nos cadres de tout prestige en les soumettant au jugement des soldats, de leur enlever la majeure partie de leur autorité et d'ouvrir toute grande la porte à l'indiscipline.

Les conséquences de cette nouvelle loi furent désastreuses pour nos bataillons de mobiles de la province qui étaient honnêtes et disciplinés, dont l'organisation marchait régulièrement et dans la meilleure voie. Chez presque tous, il y eut de tristes exemples à côté d'actes de justice. En même temps que les hommes, armés de leur nouveau droit, renvoyèrent les incapacités, ils rejetèrent des officiers capables et instruits qui, observateurs rigides de la discipline, n'avaient pas su leur plaire en faisant, comme tant d'autres, de la popularité.

Ceux qui attendaient avec impatience une occasion pour

déserter leur poste, la saisirent avec empressement en cette circonstance. Les uns déclarèrent que leur santé ne leur permettait pas de rester; les autres, qu'ils refusaient de se soumettre au principe électif. Il est bon d'observer que ces derniers s'étaient sans cesse présentés aux électeurs pour les conseils municipaux, d'arrondissement ou généraux.

La plus simple logique voulait que ces officiers qui, au moment du danger, avaient refusé pour un motif quelconque de rester à la tête de leur troupe, ne fissent plus partie de l'armée à quelque titre que ce fût. Cela n'eut pas lieu, et ce furent, au contraire, les premiers que l'on replaça, même avant ceux qui, bien que méritants, avaient été victimes de la nouvelle loi.

La plus funeste de toutes les conséquences des élections fut, sans contredit, l'institution de l'état-major auxiliaire. Cette création porta l'indiscipline jusque parmi les cadres de nos bataillons et donna libre carrière à toutes les lâchetés.

Le 7 octobre, le ministre, voyant une foule d'officiers non-élus rester sans emploi sur le pavé de Paris, promulgua une circulaire contraire à une décision de son prédécesseur, et autorisant les généraux, soit à les employer auprès d'eux comme officiers d'ordonnance, soit à leur donner des fonctions dont l'utilité serait démontrée, mais toujours en dehors du contact des troupes.

C'est ainsi que l'état-major auxiliaire fut primitivement composé.

Mais, bientôt tous les officiers de mobiles qui n'avaient pas osé ou pu quitter leur poste au moment des élections, et qui pourtant cherchaient une occasion de déserter leur drapeau, ne songèrent plus qu'à entrer dans la nouvelle institution et cherchèrent, par tous les moyens possibles, même les moins honorables, à s'y faire admettre.

C'est alors que se produisirent les faits les plus honteux.

Certains officiers envoyèrent jusqu'à deux et trois fois leur démission sous les plus futiles prétextes et cela au moment de marcher à l'ennemi, au moment où leurs hommes allaient au feu. D'autres disparurent sous prétexte de maladie, revinrent à Paris, et se mirent activement en quête d'une position dans l'état-major auxiliaire; on n'en entendait plus parler, ou, s'ils réapparaissaient un instant à leur corps, c'était lorsqu'ils avaient la certitude d'être remplacés, c'est-à-dire, de ne plus pouvoir rentrer.

D'autres, enfin, pour sauver les apparences, sachant parfaitement que leur conduite avait été flétrie par leurs propres camarades, jouaient la comédie et déclaraient vouloir revenir malgré leur chef de corps.

Ils séduisaient quelques hommes à prix d'argent, semaient l'indiscipline dans leurs anciennes compagnies et se faisaient réélire. Ils savaient leur admission impossible, étant rejetés par tous leurs collègues; aussi, ils se posaient en victimes et, à la suite des démarches les plus actives et des mensonges les plus éhontés, finissaient par obtenir cette entrée tant désirée dans l'état-major auxiliaire.

Pourquoi ces positions étaient-elles si recherchées par ceux surtout qui avaient sollicité un grade uniquement au point de vue de l'uniforme auquel il donnait droit et de l'influence qu'il procurait dans le pays? Le service que ces messieurs faisaient à l'intérieur de Paris nous l'expliquera suffisamment.

Ils aimaient mieux remplir les fonctions d'huissiers dans les antichambres des généraux ou bien de concierges aux portes de Paris, où ils contrôlaient les laisser-passer, plutôt que de suivre leurs bataillons au feu et d'être exposés, à la tête de leurs hommes, à tous les périls, à toutes les fatigues et à toutes les privations qui sont le partage de la vie des avant-postes.

Au lieu de coucher pendant des mois entiers par terre, roulés dans une simple couverture, parfois sous une tente-abri, sur la terre gelée et par un froid de dix à douze degrés, le plus souvent dans des maisons sans fenêtres, sans portes, même sans toit ; au lieu de passer des journées entières dans des caves enfumées, sans cesse exposés à une pluie d'obus, ces messieurs préféraient avoir un bon lit dans un appartement bien chaud, se promener sur les boulevards en toute sécurité, et profiter de toutes les ressources que l'on pouvait encore trouver dans Paris, même pendant les derniers jours. En un mot, ils n'ont pas eu de honte d'abandonner les hommes à la tête desquels ils étaient partis de leur pays, qui croyaient en eux, et qu'on leur avait, pour ainsi dire, confiés ; ils ont préféré à leur honneur leur bien-être et leur sécurité.

Aussi étaient-ils, pendant le siége, l'expression la plus pure de cette misérable lèpre de nos sociétés modernes : le gandinisme. Tandis que les gandins civils s'étaient enfuis ou cachés, on voyait les gandins militaires de l'état-major auxiliaire traîner partout leurs sabres et leurs aiguillettes, toujours fraîchement et coquettement habillés. Il est juste de dire que, s'ils s'admiraient entre eux, ils étaient un sujet de risée et de mépris pour la population de Paris, et ils faisaient fort triste figure à côté de leurs camarades des avant-postes.

Malgré cela, parlez-leur du siége et de ses différentes péripéties, et vous jurerez qu'ils ont tout fait, qu'ils étaient partout, que la durée et l'héroïsme de la résistance ne sont dus qu'à eux. Ils sont, en effet, allés quelquefois porter un ordre jusqu'aux avant-postes, mais bien rarement et quand il le fallait absolument ; quelques-uns ont même subi l'effet du bombardement, mais pendant fort peu de temps et à l'abri d'une bonne casemate ; ils ont même pris part à l'une des batailles, mais de loin, hors de la portée des projectiles. En un mot, ils sont peut-être allés au feu une fois par mois, avec leurs généraux, tandis que leurs camarades y étaient exposés tous les jours.

Il en est qui, de retour dans leur pays, ont poussé l'impudence jusqu'à dénigrer leurs bataillons, jusqu'à dire que, s'ils avaient quitté leurs corps, abandonné leurs hommes, c'était uniquement parce que l'inaction dans laquelle on les tenait les avait froissés, et qu'ils avaient recherché une position où ils pussent rendre plus de services à leur pays... Quelques-uns ont même prétendu que, en entrant dans l'état-major auxiliaire, ils avaient acquis une position bien supérieure à celle qu'ils occupaient à la tête de leurs hommes.

Enfin, non contents de tous ces mensonges, certains sont allés jusqu'à jeter le blâme sur leurs camarades, jusqu'à flétrir la conduite des officiers qui ont eu le dévouement et le courage de supporter tous les périls et toutes les fatigues du siége au milieu de leurs soldats.

Il est facile, d'après ce que nous venons de dire, et ce qui n'est que l'exacte vérité, de juger à leur valeur exacte tous ces hommes indignes à l'avenir de porter un uniforme, de faire partie de l'armée à un titre quelconque.

On peut se demander comment on souffrit de tels abus ; la raison en est bien simple : pendant le siége, les généraux se divisèrent en deux catégories distinctes : ceux qui restaient dans l'intérieur de la ville, commandant soit les secteurs, soit les corps de mobiles casernés à Paris, et ceux qui étaient en dehors à la tête de corps d'armée, servant activement.

Ces derniers, sans cesse au milieu de leurs troupes, étaient au fait de tout ce qui se passait journellement, soutenaient les chefs de corps, et non-seulement faisaient bonne justice de toutes les réclamations mensongères que certains officiers leur adressaient pour avoir un prétexte de donner leur démission et de se sauver dans Paris, mais encore, après toutefois de sérieuses enquêtes, donnaient les ordres les plus sévères pour faire saisir et jeter en prison ces mêmes officiers, s'ils osaient venir s'imposer à leur corps à l'aide d'une nouvelle élection.

Les premiers, au contraire, ceux de l'intérieur, accueillaient toutes les plaintes. Entourés d'un réseau d'officiers de l'état-major auxiliaire qui, bien entendu, se soutenaient mutuellement, ils recevaient favorablement toutes les réclamations, ajoutaient foi à tous les mensonges. Ne pouvant replacer dans leurs corps les victimes qui, du reste, n'en avaient pas le moindre désir, ils leur ouvraient les portes de l'état-major auxiliaire et donnaient ainsi asile à toutes les lâchetés.

Le ministre de la guerre, lui-même, se laissait parfois circonvenir et cédait aux sollicitations et aux recommandations qui l'assaillaient, sous l'empire de cette odieuse loi de l'élection dont il avait le premier à souffrir.

Le plus déplorable résultat de l'institution nouvelle fut les facilités qu'elle donna au système d'espionnage à l'aide duquel les Prussiens étaient instruits de tout ce qui se passait dans Paris, ainsi que nous le prouverons bientôt.

Les officiers de l'état-major auxiliaire inondaient chaque soir les cafés et les boulevards et s'y rencontraient avec toutes les filles entretenues alors sur le pavé de Paris. Ces messieurs, mis à même, par leur position auprès des généraux, de connaître toutes les décisions, ne se privaient pas de raconter ce qu'ils savaient, même des projets du gouverneur. C'est ainsi qu'ils disaient : « Demain on se battra à tel endroit ; après-demain on doit tenter d'enlever telle position ; tel corps va changer de place , » etc.

Or, les Prussiens avaient, à l'aide des maraudeurs, de nombreux espions en correspondance avec quelques-unes de ces filles entretenues qui, au fait, chaque soir, des décisions prises pendant la journée par la défense, les faisaient de suite parvenir à nos ennemis.

Les inconvénients de la loi du 17 septembre furent tellement évidents pour tous que le ministère de la guerre et le gouverneur de Paris ne cessèrent de prendre des mesures pour en atténuer les effets jusqu'au jour où ils purent arriver à sa complète abrogation.

V

État de Paris le 18 septembre. — Ses défenses et ses défenseurs.

Pour bien juger la situation des mobiles de province et les services qu'ils ont rendus à Paris, il est important de savoir dans quel état se trouvaient les défenses de cette ville et quels étaient ses défenseurs au moment de l'investissement, le 18 septembre 1870.

Les fortifications étaient plutôt des promenades que des ouvrages de guerre. Elles n'avaient pas un seul canon, pas d'embrasures, pas de magasins à poudre, de casemates, de cavaliers de tranchée, etc., pas même de chemins praticables à l'artillerie pour monter les pièces sur les remparts.

Les forts étaient à peu près dans le même état. Ils possédaient seulement quelques pièces de position qui en faisaient l'armement normal en temps de paix. Le reste du matériel n'était pas en place et n'avait même pas de place préparée pour le recevoir.

Heureusement, il y avait dans les arsenaux assez de canons pour donner à tous les forts, et même aux redoutes et aux batteries que l'on dut établir pour compléter la ligne de défense, un armement très-respectable et presque suffisant. Au dernier moment, on avait fait venir tout ce qu'on avait pu de grosses pièces de marine.

A la vérité, bien du temps s'écoula avant qu'elles fussent mises en position et prêtes à tirer. Ce ne fut même, en certains endroits, qu'au moment du bombardement et pour y répondre que l'on établit des canons à longue portée.

On fit aussi des essais inutiles tels que l'établissement sur les buttes Montmartre de batteries de marine dont le tir devait balayer toute la place Saint-Denis, en cas de prise par l'ennemi des ouvrages de cette place. Elles ne servirent à rien, et l'on dut bientôt transporter les pièces qui les armaient dans d'autres endroits où elles rendirent de grands services.

Un détail curieux : on trouva dans plusieurs gares de chemins de fer des canons de marine d'un fort calibre empaquetés et portant l'inscription : Mayence. Ils avaient été expédiés de Brest et de Cherbourg au début de la guerre par ordre du gouvernement impérial et étaient destinés à faire le siége de Mayence. Nos premiers revers les firent arrêter à Paris où ils servirent à la défense d'une ville française.

En résumé, l'état des fortifications de Paris était tel le 18 septembre que si, après la déroute de Châtillon, les Prussiens avaient osé tenter l'assaut, il est probable qu'ils seraient entrés d'emblée dans la ville.

Cela est d'autant plus à supposer que les défenseurs n'étaient guère mieux organisés que les défenses.

Parmi les troupes, il faut citer en première ligne les marins ; c'est à eux que revient la majeure et la plus glorieuse partie de la défense. Ils avaient été envoyés de leurs ports de mer par équipage de vaisseau. Parfaitement tenus, disciplinés, pleins de vigueur, d'énergie et de courage, ils connaissaient leurs officiers qu'ils avaient depuis longtemps appris à estimer, et auxquels ils obéissaient aveuglement.

Ils étaient traités dans leurs forts comme à bord d'un vaisseau, ce qui leur faisait dire, quand, par hasard, ils obtenaient la permission d'aller à Paris, qu'ils descendaient à terre.

Du reste, lorsque nous envoyions des plantons passer un certain temps à la disposition de l'officier de marine, commandant l'un de ces forts, ils ne manquaient jamais de revenir, leur service achevé, avec un bulletin portant ces mots : « Embarqué tel jour à bord de tel fort ; débarqué tel jour. »

Après les marins venait l'armée active, composée surtout de dépôts ramassés de tous les côtés, de recrues de la classe de 1870 non encore formées, et de débris sans cohésion aucune de nos premières armées. Le plus fort de ces débris était ce noyau de troupes qui étaient parvenues à regagner Paris, après une retraite des plus dangereuses et des plus pénibles, sous les ordres du général Vinoy.

Un artilleur de ce corps nous disait : « Hommes et chevaux, nous sommes épuisés ; nous pouvons peine à nous traîner ;

mais donnez-nous quelques jours de repos, le temps de nous refaire un peu, et nous vous aiderons encore, nous vous donnerons un bon coup de main. »

Beaucoup des soldats échappés à nos premiers revers étaient abattus, se plaignaient d'avoir été trahis, non par la fortune, mais par leurs chefs, n'avaient plus aucune foi en nos armes. Ils prévoyaient la fin, la défaite, et ils le disaient ; ils semaient autour d'eux le découragement.

Ainsi, lors de l'investissement de Paris, il n'y avait pas d'armée proprement dite ; il y avait seulement les éléments nécessaires pour en faire une, mais avec beaucoup de mal, avec beaucoup de travail, et surtout en recrutant les cadres où l'on pourrait les trouver sans se montrer trop difficile dans les choix ; car les officiers et les éléments nécessaires pour en faire manquaient en grande partie.

Après l'armée active venaient les mobiles de Paris.

Sauf de rares bataillons, commandés par d'anciens militaires, ces corps étaient en général des modèles d'indiscipline. L'esprit frondeur et d'opposition du Parisien s'y montrait à tout instant et sous toutes les formes.

Le départ de ces bataillons pour Châlons avait été un spectacle scandaleux. Leur conduite au camp fut encore plus déplorable. Ils avaient si peu de notions de l'état militaire et du respect que l'on doit à ses chefs, qu'ils huèrent un maréchal de France.

Le choix des officiers avait été si mal fait que, n'ayant aucun prestige, rien de ce qui commande le respect et l'obéissance, pas même la connaissance de leur métier, ils n'avaient aucune autorité sur leurs soldats.

Au lieu d'agir énergiquement à leur égard et de réprimer,

dès le premier jour, toute marque d'insubordination, on usa envers eux de la plus funeste indulgence. Enfin, on fit la faute capitale de les renvoyer à Paris, au lieu de les diriger sur l'Afrique, ainsi qu'il en avait été un moment question.

On essaya de les mettre dans les forts en leur disant que c'était là un poste d'honneur ; mais ils ne voulurent rien y faire ni contribuer à aucun travail. A tout instant ils s'échappaient jusqu'à Paris. Enfin, ils donnèrent aux troupes de l'armée active qui se trouvaient avec eux de tels exemples d'indiscipline, que les commandants des forts furent obligés de demander qu'on les en débarrassât.

Ils furent alors employés au service des avant-postes. Mais, là encore, nous en avons vu refusant de rester en tel endroit où nous venions de passer un mois, sous prétexte que le lieu ne se trouvait pas assez confortable pour eux, et était trop éloigné de Paris.

En un mot, malgré les services rendus par quelques-uns de ces bataillons, on peut dire qu'ils furent, par le déplorable esprit d'insubordination et par la conduite scandaleuse de la plupart, un embarras plutôt qu'un secours de la défense.

L'esprit des mobiles de province était tout différent; ils étaient essentiellement honnêtes et disciplinés. Ils regrettaient tous leur pays, mais se soumettaient sans récriminations aux durs sacrifices et aux souffrances que le péril de la patrie exigeait d'eux. Ils acceptaient leur métier de soldat comme un mal inévitable.

Du reste, ils étaient disposés à faire bravement leur devoir chaque fois que l'occasion s'en présenterait, et ils l'ont prouvé en maintes circonstances, par les citations qu'ils ont obtenues à l'ordre du jour de l'armée.

Dès le premier combat livré sous les murs de Paris, à Châtillon, ils méritèrent des éloges pour la belle conduite qu'ils tinrent en recevant le baptême du feu ; tandis que, à côté d'eux, une partie de l'armée active se débandait et s'enfuyait jusqu'à Paris.

On trouvait en eux tous les éléments nécessaires pour composer des cadres excellents, ce qui eût été facile au bout de peu de temps, sans cette fatale loi de l'élection qui jeta le désordre dans ces bataillons. Le mélange de toutes les fortunes et de toutes les classes de la société, parmi lesquelles les ignorants se trouvaient en minorité, faisait que le niveau moral et intellectuel de l'ensemble était excellent. On pouvait pressentir de quel secours serait un jour pour l'armée le service obligatoire, combien il relèverait l'esprit général de nos régiments tombé si bas pendant les dernières années de l'Empire par suite de l'exonération.

Bien commandés, on eût pu tirer un excellent parti de tous ces corps et en faire, au bout de peu de temps, une armée solide et diciplinée. Mais, comme nous l'avons déjà dit, dans beaucoup le choix des officiers avait été défectueux, et les élections aggravèrent encorele mal.

Cette population honnête de la province n'était nullement bien vue par une partie des Parisiens. Elle résistait à toutes les insinuations des orateurs des clubs, semblait parfaitement indifférente aux beautés de la République du 4 septembre et surtout très-opposée aux émeutes qui devaient bientôt être tentées par le parti démagogique.

Cette hostilité contre nos mobiles se révéla dès la première occasion ; ce fut le 15 septembre, lorsque le général

Trochu passa une revue d'ensemble de toutes les troupes alors à Paris.

Au moment où nos bataillons se croisaient sur les boulevards et aux Champs-Elysées avec ceux de la garde nationale, certains de ces derniers, après avoir crié : « Vive la mobile ! » poussèrent le cri de : « Vive la République ! » et engagèrent nos hommes à s'unir à eux.

Nos mobiles, s'ils répondaient : Vive la garde nationale ! se tenaient complétement silencieux à l'égard de la République ; cependant, quelques jours avant, à Elbeuf, ils avaient bien sincèrement acclamé la France.

Ce silence obstiné de nos hommes leur valut de la part de quelques bataillons de gardes nationaux des quolibets et les épithètes de paysans, propres à rien, etc. Ce n'était pas le moyen de les conquérir à la cause de la République. Dès lors, la plupart, tout en se sacrifiant à la défense de la capitale comme représentant la France, n'eurent plus qu'un profond sentiment d'antipathie pour cette population qui oubliait si vite qu'ils venaient verser leur sang pour elle et que, dans ce but, ils avaient abandonné leurs villages, leurs amis, leurs parents. Cette antipathie ne fit que s'accroître lorsque le parti radical suscita des émeutes pendant le siége.

Il nous reste à parler de la garde nationale sédentaire, bien qu'à cette époque il fût tout à fait impossible de la compter au nombre des défenseurs de Paris. Il est indispensable de savoir en quel état elle se trouvait alors pour juger des progrès qu'elle fit jusqu'au moment où nous la trouverons à nos côtés aux avant-postes.

Les bataillons existants, c'est-à-dire organisés et armés, se contentaient de faire des promenades le long des boulevards ou de la rue de Rivoli pour aller déposer, musique en tête et avec fòrce cris, des couronnes et des drapeaux à la statue de Strasbourg. Ces démonstrations étaient devenues ce qu'en argot on nomme : une véritable scie.

Un peu plus tard, ces mêmes bataillons se hasardèrent à franchir l'enceinte et à faire quelques marches militaires jusqu'à la hauteur des forts. Arrivés là, ils s'arrêtaient, buvaient un nombre très-respectable de bouteilles de vin et rentraient dans Paris comme des héros, toujours musique et cantinières en tête, mais ne marchant plus aussi droit et étant souvent obligés d'avoir recours à des voitures pour regagner leurs demeures.

Bientôt, on les appela à être de garde ou de piquet le long des remparts. Ce service était surtout dangereux, non pour eux, que l'ennemi ne songeait pas à inquiéter, mais pour les soldats qui se trouvaient campés en dehors de l'enceinte et sur lesquels ils tiraient pendant la nuit, se figurant toujours et partout voir des Prussiens.

Il faut leur rendre cette justice : ils montaient leurs factions en conscience, et comme sans se douter qu'il y avait en avant d'eux toute une ligne de forts, et plus avant encore une autre ligne de postes que l'ennemi devait franchir pour arriver jusqu'à eux ; ce que les Prussiens ne songèrent jamais à faire.

La maladie de porter un uniforme s'empara à tel point de la population mâle de Paris, que l'on ne vit bientôt plus dans les rues que des vareuses, des tuniques, des capotes de toutes les formes et de toutes les couleurs. Si un brave bourgeois se mettait en tenue civile, il avait au moins le soin de se coiffer d'un képi, afin de conserver son insigne de garde national. En un mot, c'était la mode, et c'est ainsi que l'on eut deux cent mille hommes de garde civique, qu'il ne faut nullement confondre avec une armée de deux cent mille hommes.

Il y avait parmi les gardes nationaux quelques individus courageux et énergiques, voulant contribuer réellement à la défense de Paris. Mais ils étaient en très-petit nombre, et l'on peut les estimer à dix par mille hommes ; ce qui réduit à quelques milliers le chiffre total de ceux dont on pouvait tirer parti devant l'ennemi.

La preuve en fut lorsque l'on demanda des volontaires pour former les compagnies de marche ou de guerre. Dans des bataillons de mille hommes, il s'en présenta rarement une vingtaine, quelquefois une dizaine, souvent moins, souvent même aucun. On fut obligé d'avoir recours à une loi atteignant les plus jeunes et les célibataires de chaque corps, jusqu'à concurrence du nombre nécessaire.

Si les gardes nationaux n'avaient aucun instinct militaire, sauf celui de porter un uniforme, il faut reconnaître qu'ils rendirent de grands services à l'intérieur de la ville en maintenant l'ordre. Les anciens bataillons surtout étaient composés d'honnêtes gens, subissant le gouvernement du 4 septembre comme une nécessité du moment et voulant son maintien pendant le siége, autant par amour de leur pays que par haine de l'étranger.

Il fut très-heureux pour Paris qu'il y eut de tels hommes en assez grand nombre pour faire la loi, car il y avait à côté bien des bataillons de nouvelle formation qui se souciaient fort peu de l'ennemi, et qui ne voyaient dans le siége qu'une occasion de s'organiser et de s'armer en vue de l'émeute.

Ce sont ces derniers qui ne cessèrent de pousser à la guerre à outrance, aux sorties en masse, etc., et cependant qui refusèrent de se battre contre les Prussiens ou qui prirent la fuite lorsqu'on les plaça en face de l'ennemi. Leur but était, par leur opposition systématique à tous les actes du gouvernement, d'arriver à le discréditer, à le faire tomber et à prendre sa place en proclamant la Commune; ou encore d'obtenir, pour faire une trouée, la sortie de Paris de tous les gens honnêtes et courageux, de toutes les troupes, marins, armée, mobiles, afin de laisser la ville sans défenseurs, ce qui leur eût permis de réaliser de suite les projets qu'ils n'ont pu mettre à exécution que le 18 mars 1871.

Ces desseins étaient visibles pour tous ceux qui voulaient bien étudier la tenue des nouveaux bataillons composés d'hommes qui refusaient de travailler, même aux fournitures de la guerre, sous prétexte d'apprendre leur métier de soldat. En effet, ils s'instruisaient avec une incroyable ardeur et, il faut l'avouer, on retrouvait, chez certains une très-grande discipline, mais le but qu'ils poursuivaient était détestable.

Ils touchaient par jour 1 fr. 50 de solde, plus 75 cent. pour leurs femmes lorsqu'ils étaient mariés. Cette somme, quelque minime qu'elle fût, leur semblait préférable à l'argent acquis par le travail; aussi ils refusaient de rentrer dans les ateliers où l'on avait le plus grand besoin d'eux pour satisfaire aux demandes de l'armée, chaque jour plus impérieuses.

Une fois l'exercice fini ou pendant les repos, ils causaient politique, buvaient ou jouaient au bouchon. Ce jeu devint bientôt une maladie parmi les gardes nationaux, et de tous les côtés, sur les boulevards, sur les places, le long des remparts, partout où ils se trouvaient réunis, on vit organisées des parties de bouchon.

Ce qui nous donna, dès notre arrivée, la connaissance exacte de l'esprit déplorable qui animait certains bataillons, ce fut non-seulement l'accueil qu'ils nous firent, lors de la revue du 15 septembre, mais surtout un fait dont nous fûmes témoins le 18 du même mois.

Nous vîmes des gardes nationaux injurier et traîner en prison un général commandant un secteur, parce que ce général n'avait pas voulu obéir à leur sommation de crier : Vive la République ! mais s'était contenté d'acclamer la France. Que leur importait la France à eux !

En résumé, la majeure partie de la population mâle de Paris composée d'honnêtes gens, sinon résolus, au moins résignés, donna un grand exemple de calme et de dévouement à la patrie en faisant le sacrifice de ses opinions personnelles, pour se grouper autour d'un gouvernement qui ne représentait pour elle qu'une seule chose : la défense.

Mais, à côté de ces hommes honorables qui devaient être plus tard d'une si impardonnable faiblesse, d'une si incroyable lâcheté, il y avait toute une population énergique, n'ayant rien à perdre, ne rêvant que le désordre, même en face de l'ennemi, ne cherchant qu'une occasion pour atteindre son but : la proclamation de la Commune.

Le rôle d'une partie des gardes nationaux fut donc, pendant tout le siége, de protéger le gouvernement et la capitale contre les atteintes de l'autre partie et d'empêcher les émeutes.

Par malheur, ainsi que cela a toujours lieu dans les grandes agglomérations, beaucoup de ceux qui, par leur éducation et leur position, auraient dû donner l'exemple, manquèrent complétement à leurs devoirs. L'on vit, dans les derniers jours qui précédèrent l'investissement, un grand nombre de jeunes gens et d'hommes dans toute la force de l'âge s'enfuir de Paris à l'approche de l'ennemi, et abandonner leurs foyers, tandis que la France entière envoyait ses enfants à leur secours.

En outre, une fois le blocus achevé, une foule de maisons se couvrirent de drapeaux d'ambulance, soit pour se dispenser de loger des mobiles, soit dans l'espoir que ces drapeaux les protégeraient contre le bombardement ou contre le pillage, dans le cas où l'ennemi s'emparerait de la ville. La plupart de ces ambulances factices refusaient sans pitié de recevoir nos malades, prétendant qu'elles ne voulaient accepter que des blessés. Il fallut que le gouvernement les fît ouvrir de force ou les contraignît à enlever les insignes de la convention de Genève.

Enfin, la majeure partie de la population parisienne ne cessa de se laisser aveugler par une folle confiance. Elle ne crut pas d'abord à la possibilité de l'investissement; une fois qu'il fallut se rendre à l'évidence, elle ne voulut pas croire à la durée du siége, ce qui amena de la mollesse et de la négligence, surtout un gaspillage des denrées dont on sentit les funestes conséquences pendant les derniers mois de la défense.

Bien que résolue à tout souffrir jusqu'à la fin, cette population rechercha des distractions partout, même dans les péripéties de la lutte qui se livrait à l'extérieur de la ville et où se jouaient les destinées de Paris et de la France.

C'est ainsi que, pendant les premiers combats, on vit des femmes et des gardes nationaux se poster aux positions les plus favorables pour voir l'effet produit par le feu des forts, par les ripostes de l'ennemi, et surtout les détails de la lutte qnand elle finissait par s'établir corps à corps comme cela eut lieu au Bourget.

En un mot, les Parisiens, en faisant preuve de grandes qualités dont on les croyait incapables, furent toujours auss légers, aussi avides de plaisirs, même aux jours les plus remplis de pénibles souffrances.

Outre les divers groupes de défenseurs que nous venons d'énumérer, Paris avait encore des troupes irrégulières en assez grand nombre : éclaireurs, enfants perdus, corps francs, etc. Certains étaient parfaitement organisés ; mais, il faut le reconnaître, la plupart étaient des modèles d'indiscipline, s'en allaient d'un village à l'autre et, sous prétexte de le détruire par ordre de l'autorité militaire, y mettaient le feu après l'avoir complétement pillé. Des hommes disparaissaient pendant quinze jours, un mois, et ne revenaient que lorsqu'ils n'avaient plus aucun moyen d'existence ou lorsqu'un nouveau caprice les prenait. L'ivrognerie était l'un des vices de la plupart de ces irréguliers.

Si quelques-uns se sont bien conduits, beaucoup ont fort peu combattu et pourtant ont été, dans la plupart des journaux de Paris, l'objet des plus honteuses réclames.

VI

A Pantin et à la Folie-Bobigny.

Le 20 octobre 1870, la moitié de notre bataillon s'installa à Pantin, tandis que l'autre moitié s'établit à la Folie-Bobigny, en avant du fort de Romainville.

A Pantin, le service était fort doux; nous avions la garde des ouvrages en terre qui couvrent le village et s'étendent depuis le fort de Romainville jusqu'au canal de l'Ourcq.

Le village de Pantin fut le seul que, pendant notre séjour aux avant-postes, nous ne trouvâmes pas entièrement désert et dévasté. Des éclaireurs et des mobiles nous y avaient précédés; il avait donc été déjà à peu près pillé. Mais il s'y trouvait des maisons closes, c'est-à-dire jouissant encore de leurs portes, de leurs fenêtres et de leurs toits. Quelques rares habitants, surtout les marchands de vin, étaient restés. Ils avaient eu raison de ne pas abandonner leurs demeures, car, durant tout le siége, même durant le bombardement, Pantin fut à l'abri de l'attaque et des projectiles de l'ennemi.

La Folie-Bobigny et le village de Bobigny n'étaient pas dans le même état. Les éclaireurs, il paraît par ordre, y avaient mis le feu en plusieurs endroits et avaient détruit tout ce qui leur avait été possible.

Cette destruction, que nous rencontrâmes dans tous les environs de Paris où nous fûmes envoyés, était tout à fait au désavantage des Français. L'intérieur des maisons et des édifices était brûlé; mais les caves et les murs restaient.

L'ennemi pouvait donc s'y cacher et s'y fortifier pour une surprise ou contre une attaque. D'un autre côté, le tir des forts n'y gagnait absolument rien, puisqu'il eût fallu, pour niveler la plaine, faire sauter les murs des habitations et des jardins, ce qui était impraticable.

Ainsi, la seule chose qui résultait de ces incendies, était que les troupes françaises, envoyées dans ces villages ruinés pour faire le service des avant-postes, ne pouvaient plus trouver de quoi se loger d'une façon même passable et étaient exposées à toutes les intempéries de la saison.

Que de ruines il eût été facile d'éviter aux habitants et aux propriétaires, même en dehors du bombardement qui fit tant de mal dans ces parages!

A la Folie, il n'y avait plus qu'une seule maison réellement habitable et située au carréfour formé par le chemin de Bobigny et par la grande route de Metz. Elle appartenait à une femme célèbre dans les bals de Paris. Ce fut là que s'installèrent les officiers du détachement; les hommes s'établirent tant bien que mal dans les ruines des quelques maisons d'alentour.

Le service de la Folie fut beaucoup plus sérieux que celui de Pantin; nos hommes se trouvèrent là réellement en face de l'ennemi et commencèrent le dur apprentissage de la vie des avant-postes.

A notre gauche, à Bobigny, était le 1er bataillon des mobiles de la Seine-Inférieure, celui de Dieppe; à notre droite, à Bondy, un bataillon des éclaireurs Lafond. Nous avions pour mission de garder toute la ligne s'étendant depuis Bobigny jusqu'au canal de l'Ourcq, en avant de la Folie, et remontant ce canal jusqu'à environ cinq cents mètres de Bondy, où nos sentinelles se joignaient à celles des éclaireurs. En outre, nous avions un autre cordon de sentinelles reliant la grande route de Metz au village de Noisy-le-Sec et partant d'un ensemble de bâtiments à l'usage de tannerie qui nous servaient de grand-garde.

Les huit premiers jours furent les plus pénibles, aussi bien pour les officiers que pour les hommes. Il fallut constamment faire des rondes, de façon à habituer nos sentinelles à leur nouveau service, à écouter le moindre bruit, à fouiller sans cesse l'obscurité du regard, surtout à ne pas donner de fausses alertes et à ne pas tirer à tout instant sur des ennemis imaginaires, en un mot, à ne pas avoir peur. Pendant la nuit, il y avait sans cesse dehors deux officiers et plusieurs sous-officiers occupés à faire des rondes.

Au bout de ces huit jours, tout le bataillon était formé, et l'on n'entendait plus, du moins de notre côté, résonner de ces coups de fusil insolites qui n'indiquaient que trop clairement la frayeur de ceux qui les avaient tirés.

Le service était encore rendu plus pénible par le froid qui commençait à sévir et par la pluie qui tombait à peu près tous les jours. Bien souvent nos hommes rentraient trempés jusqu'aux os après leur heure de faction. Ce mauvais temps continuel, outre la fatigue, rendait encore plus difficile la surveillance à cause de l'obscurité complète qui régnait pendant toute la nuit sur la campagne.

Cette obscurité était, de temps à autre, subitement illuminée par des feux électriques que les forts lançaient du côté de l'ennemi pour prévenir une attaque ou une surprise.

C'était un coup d'œil féerique que ces grandes traînées de lumière blanche projetées au loin sur les campagnes et perçant tout à coup la profondeur des ténèbres qui semblaient encore plus épaisses après cette étincelante apparition.

Outre ces feux, les forts échangeaient des signaux soit entre eux, soit avec les avant-postes. Ce qui rompait encore la monotonie de ces longues heures de faction pendant la nuit, c'étaient les éclairs qui jaillissaient de temps à autre du fort de Romainville ou de celui de Noisy. Après chacun d'eux, un obus passait sur nos têtes et allait éclater soit au milieu du bois de Bondy, soit à la ferme de Groslay.

Pendant notre séjour à Pantin et à la Folie, nous fûmes sous les ordres de M. Salmon, alors capitaine de frégate, qui dépendait lui-même du commandant supérieur des forts de l'Est, c'est-à-dire de Romainville, Noisy, Rosny et Nogent, M. l'amiral Saisset, résidant au fort de Noisy.

Comme on le voit, nous avions à notre tête des officiers de marine. Nous eussions désiré toujours être dans les mêmes conditions de commandement; car, depuis le dernier de ces chefs jusqu'au plus élevé en grade, nous trouvions en eux la politesse la plus parfaite, la bienveillance la plus affectueuse en dehors du service, tandis que, dans le service, nous avions un commandement ferme, invariable, unique, joint à une bravoure à toute épreuve. Avec de tels chefs, la tâche de chacun est facile, et l'on est assuré de ne jamais s'écarter du chemin de l'honneur.

L'administration de la marine était admirablement organisée et faisait le plus évident contraste avec notre intendance.

Nous eûmes encore, étant aux avant-postes, à souffrir de ce manque de prévoyance et d'organisation qui semblait devoir être le caractère distinctif de l'administration militaire, pendant toute cette malheureuse campagne de 1870-1871.

Depuis le 4 octobre, nous touchions les vivres de campagne et la même solde que l'armée active; les distributions se faisaient assez régulièrement, soit à Pantin, soit à Bobigny.

Le 31 octobre eut lieu un premier rationnement; nos hommes ne touchèrent plus que, trois fois par semaine, 150 grammes, au lieu de 180, de bœuf ou de cheval; pour les autres jours, on fit descendre leur ration de viande salée de 150 à 120 grammes.

Quant à l'habillement, nous pûmes enfin toucher, le 26, le reste de nos capotes d'infanterie; chaque soldat eut la sienne.

Enfin, le 5 novembre, parut une décision prescrivant que chaque mobile serait pourvu de deux vêtements en drap, c'est-à-dire veste et capote; car les vareuses, vu leur mauvaise qualité, ne pouvaient compter pour une tenue de rechange. Ainsi vêtus, nos hommes purent supporter plus facilement les fatigues et les souffrances de leur vie nouvelle.

Au bout d'une quinzaine, cette pénible existence avait déjà produit de funestes effets sur nos mobiles tout jeunes et chaque jour exposés à une pluie glaciale; la petite vérole et la dyssenterie sévissaient dans notre bataillon; beaucoup tombaient malades; quelques-uns mouraient.

Le service du transport des malades, dépendant de l'administration militaire, nous fit complétement défaut. Malgré des réclamations réitérées, je ne pus obtenir que des voitures d'ambulances vinssent enlever mes malades pour les transporter dans les hôpitaux de Paris.

Il fallait attendre qu'une voiture vide passât, la réquisitionner malgré les réclamations du cocher, y entasser les plus faibles, les plus souffrants, et les faire conduire, sous escorte, à l'hôpital militaire le plus proche. Arrivés là, on dirigeait la plupart du temps nos hommes sur une ambulance, sans s'inquiéter si l'on pouvait les y recevoir. Lorsque cette ambulance se trouvait pleine, on les expédiait à une autre, et ainsi de suite, jusqu'à trois et quatre fois; des hommes moururent pendant le trajet.

Un autre inconvénient de ce système, c'est que nous ne savions plus où se trouvaient nos mobiles, et que souvent on ne nous envoyait pas les actes de décès. Il est juste de dire que la place de Paris ne pouvait jamais renseigner sur la position des corps en dehors de la ville, ce qui lui eût été pourtant bien facile avec un peu d'ordre. Par suite de ces négligences, nous ignorions les pertes que nous éprouvions; il est bien des hommes dont nous n'avons plus entendu parler et dont nous n'avons pu retrouver la trace après leur renvoi d'une ambulance dans une autre.

Un jour, un de nos mobiles alla voir son frère entré dans un hôpital depuis une quinzaine; on lui apprit qu'il y avait une semaine qu'il était décédé; nous n'en avions pas été instruits, et, dans la suite, nous n'en eûmes jamais la notification officielle.

Quand aucune voiture ne passait aux avant-postes, il fallait que les malades, en proie à la fièvre ou à la petite vérole, attendissent une occasion dans une maison mal close et n'ayant pour tout lit qu'une simple couverture. C'est ainsi qu'il en mourut au milieu de leurs camarades, sans qu'il fût possible d'apporter aucun soulagement à leurs souffrances.

Enfin, il faut rendre cette justice aux membres de l'intendance : malgré toutes les injonctions qui leur furent faites de procéder souvent à des revues d'effectif, pour constater la situation et les besoins des troupes, ils n'en passèrent jamais pendant tout le temps du siége; nous ne vîmes pas une seule fois l'un de ces messieurs aux avant-postes. Ils organisaient tout de loin, à Paris ou en arrière des forts. C'est sans doute pour cela que leurs services allaient en général si mal. Mais est-ce pour cela aussi qu'ils obtinrent tant de récompenses?

Durant notre séjour à Bobigny, nous pûmes constater avec quelle coupable facilité on accordait des permis pour sortir de Paris. Chaque matin, des masses de maraudeurs arrivaient et mettaient au pillage les champs et les maisons où restaient encore quelques meubles. Les légumes qui se trouvaient en quantité immense dans la plaine, étaient bouleversés, écrasés, arrachés sans ordre, de façon qu'il s'en perdait la moitié, et que nos mobiles, en fouillant le sol après les maraudeurs, recueillaient encore d'abondantes récoltes.

Nos hommes avaient du reste une manière fort simple de faire leur provision journalière : tout maraudeur qui revenait avec sa charge était mis à contribution par nos postes et laissait son offrande plus ou moins volontaire. A la fin de la journée, le tas ainsi prélevé était partagé entre nos compagnies.

Il faut dire que tous ces pillards récoltaient ce qui ne leur appartenait pas et allaient sur les marchés et dans les rues de Paris vendre leurs légumes à des prix exhorbitants.

Quelle immense ressource la ville eût trouvée dans tous les champs environnants si, au lieu de les livrer au pillage, elle avait su organiser la récolte de toutes ces richesses! Que de misères eussent été soulagées!

Il y avait une autre conséquence beaucoup plus grave de la facilité avec laquelle on accordait les laissez-passer. Quelques-uns des maraudeurs servaient d'espions à l'ennemi; ils lui portaient les journaux de Paris et toutes les nouvelles. Un des lieux habituels de leurs rendez-vous était un village situé en avant de Bobigny, le Drancy, sorte de terrain neutre où Prussiens et Français venaient tour à tour faire des reconnaissances sans jamais y rester et ne s'y rencontrant que rarement. Une fois les soldats partis, les maraudeurs surgissaient de tous côtés et entraient en communication avec l'ennemi.

VII

Combat du Bourget.

Dans la nuit du 27 au 28 octobre, les troupes françaises occupèrent le village du Drancy et enlevèrent celui du Bourget aux Prussiens.

La conséquence de cette marche en avant fut que notre bataillon reçut, le 30, à huit heures du matin, l'ordre de se concentrer à la Folie et à Bobigny.

Presque immédiatement après, un nouvel ordre nous prescrivit de nous porter le plus vite possible au Drancy. Les Prussiens attaquaient à leur tour le Bourget avec 15,000 hommes et une nombreuse artillerie.

Je me rendis aussitôt à la Folie ; j'y trouvai le détachement rassemblé et prêt à partir. Je le fis diriger sous le commandement du capitaine le plus ancien, M. Brécard, sur le Drancy, où j'arrivai bientôt avec le reste du bataillon venant de Pantin.

En route, nous croisâmes le bataillon de Dieppe qui retournait à Bobigny pour occuper la ligne de défense de ce village, ainsi que le poste avancé situé au croisement du chemin de la Courneuve, à Bondy, avec la route des Petits-Ponts, endroit dit : Étoile-des-Cinq-Chemins, à 1,200 mètres en arrière du Drancy.

Le commandant Salmon me donna l'ordre de déployer mon bataillon derrière le village, de façon à appuyer ma gauche au petit Drancy, faisant face au Bourget.

La ligne que nous devions occuper ainsi se trouvait précisément être dans le prolongement de l'église et de l'ennemi. Je pensai qu'il serait moins dangereux pour mes hommes et plus profitable pour la défense de porter mon bataillon à 3 ou 400 mètres en avant, afin de ne pas le laisser dans la direction du clocher qui devait servir de point de mire à l'artillerie ennemie. En conséquence, j'appuyai ma droite à l'extrémité ouest du Drancy, et j'établis ma ligne de bataille sur un espace d'environ 700 mètres, dans la direction d'Aubervilliers, faisant face au Bourget. Nous étions par inversion.

Les troupes qui se trouvaient avec nous étaient : des éclaireurs et un bataillon des mobiles de la Seine, dans le village; une ligne de tirailleurs d'infanterie de marine, en avant; d'autres compagnies du même corps, en réserve, au petit Drancy; en tout, environ 3,000 hommes. Nous n'avions pas une seule pièce d'artillerie.

L'ennemi concentra d'abord toute son action sur le Bourget. Nous vîmes passer ses colonnes serrées en masse, venant du Blanc-Mesnil, hors de la portée du tir de nos forts et à environ 1,800 mètres du Drancy. Les Prussiens savaient que nous n'avions pas de canon; car, avec quelques pièces de campagne, il nous eût été facile de prendre d'écharpe ces masses d'infanterie, de les disperser et d'empêcher ainsi la prise du Bourget.

J'ordonnai à mes hommes de se coucher et de se cacher le plus possible au milieu des herbes ou dans les fossés qui se trouvaient à notre gauche ; sauf une compagnie de droite, la septième, qui était embusquée derrière les murs, le reste du bataillon était en rase campagne.

Jusqu'au moment où l'action s'engagea contre nous, j'eus une terrible appréhension ; c'était la première fois que mes mobiles allaient au feu ; la plupart n'avaient jamais fait usage de l'arme qu'ils avaient entre les mains ; ils savaient la charger et la tirer théoriquement ; mais, sauf pour trois compagnies, il nous avait été impossible de faire de tir à la cible ; nous n'en avions jamais eu ni le temps ni l'occasion.

Ce que je redoutais surtout, c'était que mes hommes fussent accablés par les projectiles de l'artillerie, sans même voir d'où partaient les coups et sans pouvoir y répondre. Dans la lutte hommes contre hommes, si l'on reçoit des balles, on a la consolation d'en envoyer ; il y a l'animation du combat, le bruit de la fusillade, l'odeur de la poudre ; le soldat se grise en combattant. Au contraire, lorsque l'infanterie reçoit des obus sans même avoir la satisfaction de voir son artillerie riposter à celle de l'ennemi, c'est la mort à froid, la plus redoutable épreuve pour de jeunes soldats. C'est ce qui nous arriva.

Par bonheur, la contenance de mes officiers était, en général, excellente.

Après avoir pris le Bourget, l'ennemi se retourna sur le Drancy et, ne voulant pas lancer sur ce village son infanterie qui se serait trouvée exposée au feu des forts, il dirigea toute son artillerie de notre côté. Le clocher de l'église servant de point de mire, les obus vinrent tomber soit dans le Drancy, soit derrière nous, juste à l'emplacement que nous devions primitivement occuper.

Je me plais à rendre cette justice à notre bataillon : pas un seul homme ne bougea, pas un seul ne quitta sa place. L'inutilité du tir ennemi contre eux donna peu à peu de la confiance à nos mobiles, et ils commencèrent à causer et à rire, toujours couchés et attendant l'ennemi qui ne se montrait pas.

La position était cependant peu agréable; il y avait déjà deux heures que nous étions en place, et je ne sais combien de temps encore nous y serions restés, s'il n'était arrivé de Paris l'ordre formel d'abandonner le Drancy. Le commandant Salmon nous avait déclaré quelques instants avant qu'il voulait y rester quand même et bien qu'il n'eût pas d'artillerie. Nous lui avions naturellement répondu que nous étions à ses ordres; mais nous nous demandions si la fin ne serait pas pour nous au moins un voyage en Allemagne aux frais du gouvernement prussien.

Aussitôt l'ordre d'abandonner le Drancy arrivé, je dus faire replier mes hommes à l'abri des murs, le long de la route qui passe derrière le village et attendre que l'évacuation des troupes fût achevée; nous devions rester les derniers et couvrir la retraite.

Dans cette nouvelle position, les projectiles affluaient de tous côtés et passaient par-dessus nos têtes; les ouvertures des rues étaient surtout dangereuses. Nous n'y restâmes que peu de temps, car l'ordre de commencer notre mouvement arriva. Je fis alors partir mes compagnies en les lançant l'une après l'autre en tirailleurs jusqu'au petit Drancy, où elles se reformèrent à l'abri des obus.

Ma première compagnie partit la dernière pour couvrir notre retraite en cas de besoin. Je ne saurais trop faire l'éloge du calme et de l'ordre avec lequel, malgré les projectiles qui continuaient à nous poursuivre, elle effectua son mouvement sous les ordres de son brave capitaine, M. Mulot.

En rentrant dans nos cantonnements, nous trouvâmes la route de Bondy et les remparts de Pantin couverts de curieux, armés pour la plupart de jumelles, qui avaient suivi les péripéties du combat comme un spectacle, avides de voir des blessés et d'apprendre de nous des renseignements, afin de pouvoir raconter la journée à leurs amis.

Ce début fut heureux pour nous sous tous les rapports; car, après avoir soutenu dignement cette épreuve si difficile du baptême du feu, nous nous retrouvâmes tous après le combat. Nous aurions pu facilement perdre vingt ou trente des nôtres. En effet, les obus arrivèrent assez près de nous pour renverser plusieurs de nos hommes, mais sans tuer ni blesser personne.

Ce bonheur providentiel nous accompagna pendant toute la campagne, puisque nos pertes furent toujours très-minimes en comparaison des dangers que nous courûmes, ainsi qu'on le verra par la suite de notre récit.

Le lendemain, le commandant Salmon remercia, dans un ordre du jour, notre bataillon du concours qu'il lui avait prêté et le félicita de sa bonne tenue au feu. Lorsqu'il me demanda quels étaient ceux qui s'étaient particulièrement distingués, après lui avoir cité le capitaine Mulot, je pus lui répondre que tous, officiers et soldats, s'étaient dignement conduits et avaient fait leur devoir.

Le 31 octobre, nous abandonnâmes définitivement Pantin pour nous concentrer à la Folie et à Bobigny.

La nouvelle ligne que nous dûmes garder se trouvait beaucoup plus étendue; elle partait d'une petite éminence située sur la route de la Courneuve à Bondy, suivait ce chemin jusqu'à la hauteur d'un bouquet de bois placé sur la rive gauche du canal de l'Ourcq, passait par ce bois, longeait le canal jusqu'à environ cinq cents mètres de Bondy et se prolongeait jusqu'au village de Noisy-le-Sec.

C'est à partir de ce moment que, sûrs de nos hommes, nous les habituâmes à monter leur faction pendant la nuit, soit derrière des obstacles naturels, soit dans des trous creusés exprès et à une centaine de mètres en avant. Ces factionnaires allaient d'heure en heure se relever eux-mêmes. De cette façon, quelque profonde que fût l'obscurité, nous étions certains de ne jamais être surpris par l'ennemi qui eût dû marcher sur ces hommes isolés avant d'arriver jusqu'à notre ligne de sentinelles.

Enfin, nous établîmes, sous une grande tente, un poste avancé dans le bouquet de bois dont nous venons de parler. Ce poste, composé d'une vingtaine d'hommes environ, était occupé à la nuit tombante et abandonné un peu avant le jour. Il était parfaitement dissimulé aux yeux de l'ennemi par le taillis, et, en cas d'attaque, eût pu ou arrêter l'assaillant ou servir à lui envoyer des feux de flanc. Il pouvait, du reste, se replier facilement sur la rive opposée du canal à l'aide d'un pont mobile.

Après le combat du Bourget, il y eut armistice. Ce fut alors que nous apprîmes la nouvelle de l'insurrection tentée à Paris, le 31 octobre, par les partisans de la guerre à outrance et de la Commune. Cette nouvelle jeta l'indignation parmi nos mobiles, qui ne comprenaient pas que l'on pût songer à faire une émeute dans une ville quand l'étranger était à ses portes.

Aussi, le 3 novembre, lorsqu'ils furent appelés à voter s'ils voulaient, oui ou non, le maintien du gouvernement de la Défense nationale, c'est-à-dire l'ordre ou le désordre, il y eut parmi eux unanimité pour le parti des honnêtes gens. M. le général Trochu avait demandé aux chefs de corps des mobiles de lui donner leur appui en cette circonstance; il leur avait promis de les soutenir plus tard en toute occasion et autant que cela serait en son pouvoir. Il oublia un peu cette promesse lors de la capitulation; il eût dû se rappeler que ces bataillons de province, que l'on sacrifia lorsque l'on n'eut plus besoin d'eux, après en avoir usé, même jusqu'à en abuser quelquefois, étaient composés d'hommes de cœur sur lesquels il s'était toujours appuyé quand l'émeute l'avait menacé et qu'ils avaient toujours été fidèles à leur parole.

Jusqu'au 10 novembre nous continuâmes à monter des gardes à Bobigny et à la Tannerie, ainsi qu'à travailler aux ouvrages de défense que l'on faisait en avant du village sous la direction du génie.

Si quelques-uns de ces ouvrages furent utiles, surtout ceux qui eurent pour but de fortifier Bobigny, il faut reconnaître aussi qu'il y eut bien du temps et des travaux d'hommes de gaspillés. Ce qui le prouva mieux que tout, c'est qu'il y eut, entre Pantin et la Folie, jusqu'à quatre lignes de tranchées inachevées que l'on abandonna successivement pour en établir d'autres plus en avant.

D'ailleurs, il n'était pas facile de dissuader le génie de faire tel ou tel travail, même quand sa parfaite inutilité était démontrée, pour lui en faire entreprendre un autre indispensable, mais dont il n'avait pas eu l'idée. Nous en citerons un exemple.

Nous proposâmes à l'officier du génie chargé de diriger les travaux de notre côté, de transformer le petit bois où nous avions établi notre poste avancé en une redoute casematée en terre; nous ne demandions que le droit d'y employer les travailleurs de notre bataillon. Cette redoute eût, avec la ligne du canal, suffi pour protéger toute la plaine de ce côté et eût rendu inutile la longue tranchée que l'on faisait en arrière, depuis Bobigny jusqu'à l'Ourcq.

Nous ne pûmes jamais obtenir cette autorisation, et l'on fit continuer à nos hommes le travail fastidieux et sans nécessité de la tranchée. Quel fut notre étonnement lorsque, deux mois après, revenant de ce côté, nous vîmes réalisé notre projet, sauf toutefois les casemates que le génie ne sut jamais construire et qui semblent être restées la spécialité des marins.

Vers la fin de notre séjour à Bobigny, nous nous aperçûmes un matin que les éclaireurs qui occupaient Bondy avaient, sans nous prévenir, abandonné ce village pendant la nuit. La conséquence de ce fait était que nous pouvions avoir notre grand'garde de la Tannerie enlevée par surprise.

Je fis de suite réoccuper le village par une de mes compagnies, et je demandai au commandant supérieur du fort l'autorisation d'y rester. Elle nous fut refusée, je n'ai jamais su pourquoi; nous dûmes nous retirer et construire sur la route de Metz, en arrière de Bondy, une barricade en pavés et en terre, afin de nous protéger contre une attaque de ce côté.

Le 9 novembre, je revenais de faire une tournée, lorsque quelques-uns de mes hommes, qui étaient allés cueillir des légumes jusqu'à une cinquantaine de mètres des lignes ennemies, m'avertirent que nous quittions Bobigny le lendemain. Les Prussiens les avaient prévenus.

Je courus au quartier général; le commandant supérieur n'avait reçu aucun ordre de ce genre et crut à un commérage de soldat, comme il en circulait tant chaque jour.

Deux heures après, l'ordre de notre départ de Bobigny arriva conçu en ces termes: « Le 3e bataillon de la Seine-Inférieure est mis à la disposition du général Ducrot et partira demain, à six heures du matin, avec armes et bagages, pour se rendre à.... (laissé en blanc) où il prendra les ordres du général. »

Les Prussiens étaient bien servis par leurs espions.

Avant de savoir notre destination définitive, la route que nous devions suivre, et l'heure exacte de notre départ, nous reçûmes sept ordres et contre-ordres.

Enfin, le lendemain, 10 novembre, nous quittâmes Bobigny à la pointe du jour pour nous rendre à Montreuil où nous fûmes placés dans la brigade commandée par M. Reille, colonel du régiment des mobiles du Tarn. Nous restions toujours bataillon isolé, s'administrant lui-même et n'ayant d'ordres à recevoir que du commandant de la brigade.

VIII

A Montreuil, Maisons-Alfort et Créteil.

Ce fut avec regret que nous quittâmes le commandant Salmon et l'amiral Saisset ; mais, passant sous les ordres d'un homme jeune et actif, faisant à l'avenir partie de l'armée du général Ducrot qui devait être en réalité la seule armée combattante de Paris, nous nous figurâmes que nous allions avoir à agir souvent et énergiquement.

Ce qui nous entretenait dans cette pensée, c'était le récit pompeux des reconnaissances opérées par le régiment du Tarn sous la conduite de son brillant colonel, reconnaissances à la suite desquelles l'ennemi avait été repoussé de tous les côtés et où les mobiles s'étaient couverts de gloire.

Nous apprîmes plus tard que ces fameuses actions d'éclat n'étaient en réalité que de simples marches militaires exécutées en avant des forts, mais à l'abri de tout danger, puisqu'elles avaient été faites sur le plateau d'Avron et sur ses versants, dans des endroits où l'ennemi venait quelquefois se promener, comme au Drancy, mais où il n'avait jamais eu l'intention de s'établir, étant trop sous le feu de notre artillerie.

Les récits des journaux étaient un sujet de railleries pour les corps placés aux avant-postes et sachant la vérité sur ces remarquables reconnaissances. Mais ces récits, habilement envoyés aux feuilles de Paris, avaient été répandus et exploités de tous côtés et avaient établi, jusque parmi les combattants, cette réputation surfaite par laquelle nous avions été séduits et trompés.

Nous pûmes nous convaincre, du reste, en arrivant à Montreuil, que l'endroit était charmant, à l'abri de tout danger et un véritable lieu de repos.

Le service y consistait à monter quelques gardes dans l'intérieur du village et sur un plateau nommé le camp de Tilmont, situé en arrière des forts de Rosny et de Nogent, en outre abrité par le Mont-Avron que l'ennemi ne pouvait franchir sans être balayé par le feu des forts. On y était donc en toute sécurité.

L'état-major du Tarn avait, pendant près de deux mois, occupé un point culminant nommé la Capsulerie, d'où on avait une vue superbe sur Paris et sur les environs, mais où, bien plus encore qu'au camp de Tilmont, on n'avait quoi que ce fût à redouter de l'ennemi. Même au plus fort du bombardement de ce côté, il n'y arriva nul projectile, tant la position était en arrière des forts et éloignée des batteries ennemies.

Aussi, les treize jours que nous passâmes à Montreuil furent pour nous un temps de repos, le seul dont nous jouîmes jusqu'à la fin du siége. Nous en avions déjà grand besoin à cause des pluies continuelles que nous avions eues à supporter, du pénible et incessant service auquel nous avions été astreints pendant notre séjour à Bobigny.

Un fait, qui se produisit alors, prouvera la discipline et l'esprit d'ordre qui régnaient dans notre bataillon.

A notre arrivée à Montreuil, nos hommes étaient dans le plus pitoyable état de délabrement et faisaient fort triste figure à côté des mobiles du Tarn. Le commandant de la brigade m'en fit l'observation ; je lui demandai quarante-huit heures pour que nos hommes eussent le temps de se reposer et de se nettoyer.

Deux jours après, lorsqu'il les passa en revue, il put juger de l'esprit de discipline qui animait nos mobiles ; ils étaient propres, bien équipés ; leurs armes étaient en état, leurs fourniments reluisants; en un mot, leur tenue était aussi convenable, malgré leurs souliers percés et leurs pantalons en lambeaux, que s'ils avaient eu un long repos pour se réorganiser.

Pendant notre séjour à Montreuil, nous fîmes quelques exercices à Vincennes ; ce fut là notre seul travail.

Mais nous reçûmes diverses notifications très-importantes de la part du gouverneur de Paris.

La première, du 12 novembre, spécifiait que, pour l'élection des officiers, les chefs de corps devaient user de toute leur influence sur leurs hommes afin de diriger leurs choix sur des sujets capables. On commençait déjà à sentir les vices et le détestable effet du système électif.

Le 18 du même mois, le gouvernement rendit un décret par lequel nul ne pouvait être élu à un grade supérieur s'il n'était déjà pourvu du grade immédiatement inférieur à celui qui était l'objet de l'élection.

On voulait ainsi éviter ces sauts scandaleux de deux et trois grades dont nous avions été témoins, qui résultaient du caprice des hommes, paralysaient toute autorité chez celui qui en était l'objet et portaient le plus grave préjudice à la discipline.

L'article 7 du même décret portait que les officiers démissionnaires ou frappés de révocation restaient exclus de toute nouvelle élection.

Cette décision était extrêmement importante, en ce qu'elle permettait aux chefs de corps de se débarrasser des mauvais éléments qu'ils avaient parmi leurs officiers par suite de la hâte qui avait présidé à la formation et du système d'élection qui avait plus tard prévalu.

Puis, à l'aide de cet article, on coupait court à toutes les lâchetés qui se produisaient. En effet, des officiers, sans nul motif valable, donnaient leur démission et cherchaient à entrer dans l'état-major auxiliaire. S'ils ne pouvaient y arriver, parce qu'il n'y avait pas en ce moment de places disponibles, ils avaient recours à l'élection et, à l'aide d'argent semé dans leurs anciennes compagnies, se faisaient réélire par elles ; puis, ils donnaient de nouveau leur démission lorsqu'ils parvenaient enfin à trouver cette position tant désirée auprès d'un général.

A cette époque, nous eûmes encore à souffrir de la mauvaise organisation des divers services de l'intendance, ce qui décida contre ses membres une plainte motivée. Grâce à l'énergie de notre général et malgré la colère de ces messieurs, ils furent forcés de répondre et de faire droit à nos trop justes réclamations.

L'ordre avait été donné de passer une revue sévère des effets, et de fournir aux hommes ce dont ils avaient besoin, surtout des chaussures. L'intendance réclamait, pour cet objet, une multitude d'états, prétendant que ses magasins regorgeaient de tout ce qui était nécessaire. Nos hommes s'y présentèrent ; impossible d'obtenir des souliers ; il n'y en avait pas.

Un autre ordre prescrivait à chaque bataillon de se pourvoir d'un mulet d'ambulance avec deux cantines à médicaments. Partout où l'officier que j'envoyai à cet effet se présenta, on lui répondit qu'il n'y en avait plus.

Impossible d'en trouver. Cependant il en existait encore, puisque, après ma réclamation appuyée par le général de division, il nous en fut de suite délivré.

Les services de l'intendance étaient donc, à cette époque, aussi mal faits que précédemment, aussi mal qu'ils le furent jusqu'à la fin de la campagne.

Le 23 novembre, nous reçûmes l'ordre de partir le lendemain pour aller reprendre le service d'avant-postes à Maisons-Alfort et à Créteil.

Les habitations de ces villages n'étaient pas dépouillées de tous leurs meubles ; ce qui, du reste, ne subsista pas longtemps, grâce aux gardes nationaux de Paris, ainsi que nous l'expliquerons.

La ligne de tranchées que nous devions occuper, partait de la rive droite de la Seine, un peu au-dessus du village de Vitry, passait en avant d'un petit groupe d'habitations, nommé le Vert-Maisons, coupait la grande route de Gex à un endroit où se trouvait une fabrique de vernis, de là gagnait à travers la campagne une ferme isolée appelée la Ferme-des-Mèches ; c'était le point le plus avancé de la défense et le plus périlleux, attendu qu'il se trouvait situé juste en face du village du Mesly, fortement occupé par les Prussiens. De la Ferme-des-Mèches, les tranchées rejoignaient l'extrémité sud du village de Créteil et finissaient à la Marne.

Dès notre arrivée à Maisons-Alfort, on nous fit prendre le service des tranchées depuis la Seine jusqu'à la fabrique de vernis. Il pleuvait à torrents, et il n'y avait aucune habitation assez à proximité de la ligne de défense pour pouvoir y mettre les hommes à l'abri pendant la nuit ; Vert-Maisons était trop éloigné.

Nous devions être relevés le lendemain par les fameux tirailleurs de Belleville. On les attendait, mais en vain, déjà depuis quelques jours. Ils arrivèrent enfin ; dans quel état ! Le long de la route, ils roulaient ivres dans les ruisseaux ; on était obligé de les charger sur des voitures et de les transporter jusqu'à Maisons-Alfort.

Ceux qui purent faire le trajet à pied n'étaient guère en meilleur état. Dès leur arrivée, ils foulèrent aux pieds leur drapeau tricolore et maltraitèrent leur commandant qui voulait s'interposer.

Impossible de leur faire prendre la garde dans de telles conditions; c'est pourquoi nos mobiles durent rester pendant quarante-huit heures de suite de service.

A gauche de la fabrique de vernis, entre cet établissement et la Ferme-des-Mèches, se trouvaient d'autres gardes nationaux postés dans les tranchées.

Le capitaine de notre bataillon qui commandait à la fabrique, M. d'Arboval (compagnie de Buchy et de Clères), avait fait occuper, à environ deux cents mètres en avant de son poste, une petite maison d'où les Prussiens tiraient pendant la nuit sur nos sentinelles. Il espérait ainsi les surprendre au moment où ils viendraient pour occuper cet endroit.

Les gardes nationaux avaient été prévenus; malgré cela, dès que l'obscurité commença, ils se mirent à tirer dans toutes les directions, en avant, et en particulier sur cette malheureuse maison.

Ne pouvant les faire cesser, vu leur état prononcé d'ivresse, il fallut évacuer cette position en prenant les plus grandes précautions pour esquiver les balles de nos compatriotes, bien plus dangereuses pour nos hommes que celles de l'ennemi.

Le lendemain, les tirailleurs de Belleville purent enfin relever nos compagnies, mais dans un état d'ébriété à peu près semblable à celui de la veille. Il était facile de prévoir que si l'ennemi les attaquait, il trouverait de leur côté fort peu de résistance.

Notre deuxième compagnie (canton de Forges-les-Eaux) prit le service à la Ferme-des-Mèches.

Vers deux heures du matin, l'adjudant-major du bataillon de Belleville accourut chez moi et me supplia de venir à leur secours. Les Prussiens, disait-il, les avaient attaqués, occupaient les tranchées et avaient tué bon nombre de Français.

Nos mobiles étaient restés pendant quarante-huit heures de suite de garde; nous devions marcher le lendemain pendant toute la nuit, aussi, j'avais ordonné de laisser reposer les hommes quoi qu'il arrivât. Je répondis à l'adjudant-major que nous ne bougerions pas à moins que l'ennemi ne vînt nous attaquer dans nos cantonnements. Toutefois, j'envoyai mon chirurgien porter secours aux blessés.

Ce que je prévoyais était arrivé; il n'y avait eu aucune attaque de la part des Prussiens. Mais, les Bellevillois, saisis de panique, avaient commencé par tirer devant eux, puis les uns contre les autres, avaient blessé ou tué plusieurs des leurs et avaient profité de l'occasion pour s'enfuir jusqu'à

Paris. Les tranchées étaient restées inoccupées jusqu'au matin, où un autre bataillon de gardes nationaux était venu en prendre possession.

Il était dit que nous ne devions pas dormir tranquillement pendant cette nuit.

La compagnie de garde à la Ferme-des-Mèches avait son poste avancé établi dans un bâtiment à l'usage de grange. Ce poste était peu distant du village de Mesly, par conséquent de l'ennemi.

Des tirailleurs prussiens l'assaillirent vers deux heures du matin. Un ancien militaire, le sergent Dupont, qui gardait cette position avec une vingtaine d'hommes, dissémina son monde, l'embusqua derrière des murs, des arbres, des fossés, et, après avoir reçu du renfort que le chef du poste, le lieutenant Poisson, lui envoya de suite, parvint à forcer l'ennemi à la retraite.

Quand j'arrivai avec deux compagnies de soutien, tout était fini.

Ce fut la première fois que nos mobiles firent le coup de feu ; ils s'en tirèrent à merveille, sans qu'un seul faillit à son devoir, sans la moindre hésitation ; ils tinrent ce qu'ils avaient promis au Drancy, le 30 octobre.

Il est bon de remarquer que le régiment du Tarn ne prit aucune part à cette escarmouche. Aussi son colonel n'en tint nul compte, bien que, à titre de commandant de la brigade, il eût dû s'intéresser également à tout ce qui arrivait aux troupes placées sous ses ordres, sans nulle préférence de clocher.

Nous pûmes alors observer un fait des plus curieux qui se passait dans la tranchée située à notre droite et reliant la Ferme-des-Mèches à la fabrique de vernis.

Cette tranchée était occupée par des gardes nationaux appartenant à deux bataillons différents. Il paraît qu'ils se détestaient cordialement, car ils avaient élevé entre eux une espèce de barricade qui les isolait complétement les uns des autres. Si un garde national avait le malheur de regarder par-dessus l'obstacle pour voir ce qui se passait chez ses voisins, il était certain d'être accueilli par ceux-ci d'un ou de plusieurs coups de fusil. Telle était l'amitié qui uuissait ces messieurs en face de l'ennemi.

Enfin, nous fûmes témoins d'un autre fait caractéristique : le pillage de Maisons-Alfort par les gardes nationaux.

Nos hommes avaient la permission de se servir, pour se coucher ou pour manger, de tout ce qu'ils trouvaient dans leurs cantonnements; mais il leur était expressément défendu d'emporter quoi que ce fût des habitations. Ils n'avaient même pas l'autorisation de transporter un meuble d'une maison dans une autre sous peine d'être très-sévèrement punis.

Or, dès que les gardes nationaux furent arrivés à Maisons-Alfort, nous les vîmes charger les meubles, qui restaient encore dans les habitations, sur des voitures de toute sorte qui les transportaient à Paris. Nous crûmes d'abord que c'étaient les propriétaires qui opéraient ces déménagements; nous fûmes bientôt tirés d'erreur : les nouveaux venus s'appropriaient ces objets qui ne leur appartenaient nullement, afin, disaient-ils, de les sauver ainsi du pillage des éclaireurs ou des Prussiens.

Nous ne restâmes que quelques jours à Créteil; arrivés le 24, nous en repartîmes le 28 à dix heures du soir, pour prendre part à la bataille de Villiers et de Champigny.

Depuis quelques jours déjà, on s'attendait à une action en commentant les différents ordres arrivés successivement.

D'abord, le 26 novembre, on prescrivit de se munir de sept jours de vivres et de douze paquets de cartouches par homme. Ces vivres devaient se composer par ration, outre le biscuit, le riz, le sel, le sucre et le café, de 100 grammes de lard et de 100 grammes de fromage. Ce fut à grand'peine que nous parvînmes à toucher le lard ; quant au fromage, nous ne pûmes jamais en obtenir de l'intendance la moindre parcelle. Cependant, puisque le commandement avait ordonné cette dernière distribution, c'est que l'intendant général lui avait annoncé qu'il en restait un stock dans les magasins. Pourquoi donc n'en distribua-t-on pas?

D'autres ordres prescrivirent le même jour de n'emmener que mille hommes par bataillon et de laisser en arrière les malingres. Notre effectif était déjà réduit à huit cents hommes.

Enfin, il fut décidé que, pour alléger les soldats, ils déposeraient dans leurs cantonnements tous les effets autres que la tente-abri, une chemise, une paire de souliers et une paire de guêtres de rechange; ils devaient également abandonner leurs demi-couvertures.

Cette décision fut doublement funeste. D'abord, tous les petits ballots laissés en arrière furent perdus ou volés, et nos hommes n'eurent plus le double de leurs effets en drap, ce qui était indispensable par la saison pluvieuse dans laquelle nous nous trouvions. Puis, le thermomètre ayant déjà considérablement baissé et nous annonçant l'approche de l'hiver, nos hommes avaient plus que jamais besoin de leurs demi-couvertures pour les protéger la nuit lorsqu'ils seraient obligés de camper sous la tente-abri.

Tous ces ordres, donnés plusieurs jours d'avance, annonçaient un grand mouvement de troupes et une bataille prochaine : ils devaient avertir l'ennemi de se tenir sur ses gardes. Car les Prussiens étaient toujours parfaitement prévenus de tout ce qui se décidait dans les conseils du général en chef; nous l'avons déjà vu; nous aurons l'occasion de le constater encore.

IX

Sur la rive gauche de la Marne.

Le 28 novembre, à onze heures du soir, nous partîmes de Créteil pour rejoindre, dans le bois de Vincennes, le reste de notre division placée sous les ordres du général Mattat. Nous faisions partie du corps d'armée commandé par le général d'Exéa.

Nous arrivâmes au milieu de la nuit sur le plateau de Vincennes. Le bois présentait un spectacle féerique. De tous côtés il était illuminé par des feux de bivouac autour desquels des soldats étaient occupés à préparer le café. Au centre de cette ceinture de feux se détachaient les longues rangées des tentes du campement.

A cette vue, une pensée nous vint naturellement à l'esprit : combien de ces hommes qui reposent si tranquillement seront morts dans quelques heures!

La bataille ne fut pas livrée ce jour-là, mais seulement le lendemain. On prétendit qu'une crue subite de la Marne avait empêché de jeter sur cette rivière les ponts qui s'étaient trouvés trop courts. Fût-ce la vérité?

En tout cas, nous regardons ce retard d'une journée, apporté pour un motif quelconque à nos opérations, comme un grand bonheur pour notre armée. Voici pour quelle raison.

La veille, en traversant le faubourg Saint-Antoine pour regagner Créteil, nous fûmes témoins du plus triste spectacle qu'il soit possible de mettre sous les yeux d'un soldat.

L'armée active traversait Paris pour aller prendre ses positions et se dirigeait sur le bois de Vincennes. Pas un corps ne marchait en ordre, ne semblait soumis à la moindre discipline. Un grand nombre de soldats étaient dans le plus complet état d'ivresse, s'arrêtaient dans les cabarets qu'ils rencontraient sur leur chemin et finissaient par rouler ivres-morts le long de la route. Des charrettes les chargeaient et les emportaient à la suite des régiments.

Que pourrait-on faire avec de tels hommes, avec si peu d'ordre? Quelle serait l'issue de la bataille du lendemain? Les appréhensions les plus terribles étaient dans l'âme de ceux qui voyaient de sang-froid le hideux spectacle de dégradation présenté par notre armée active, notre principale force, en face d'un ennemi parfaitement discipliné.

C'est pourquoi nous regardons comme un bonheur le retard de vingt-quatre heures apporté aux opérations ; les hommes eurent le temps de se reposer ; le calme put se rétablir.

Après toute une journée de marche, à chaque instant interrompue, nous arrivâmes en vue du village de Rosny, et on nous fit camper en arrière du chemin de fer de Mulhouse, dans une plaine que nos mobiles appelèrent à juste titre le Camp-de-la-Boue.

En arrivant sur le terrain, notre général de division nous complimenta sur notre bataillon qui marchait régulièrement, et dont la tenue contrastait même avec celle des troupes de l'armée active.

Cet ordre et cette discipline qui régnaient dans tous nos mouvements, même en face de l'ennemi, étaient dus en grande partie à l'excellent encadrement de notre bataillon. En effet, nos deux meilleures compagnies étaient, sans contredit, la première et la dernière, commandées toutes deux par d'anciens militaires : la première, par le capitaine Mulot ; la septième, par le capitaine Brécard. Que nous marchions la droite ou la gauche en tête, l'ordre et la régularité existaient toujours aux deux extrémités, et par suite dans toute la colonne.

Le terrain sur lequel nous dûmes camper était complétement détrempé ; il faisait déjà très-froid, et nous n'avions pas de couvertures. Aussi les soldats se répandirent de tous côtés, envahirent le village désert de Rosny, ainsi que les maisons environnantes et apportèrent dans le camp les portes, les volets, les armoires, en un mot tout ce qui put leur servir à établir un plancher factice et à entretenir les feux pendant la nuit.

Ce pillage nous révolta ; nous le fîmes cesser. Mais, comment priver nos hommes de cet allégement à leurs souffrances, tandis que les corps voisins en profitaient et donnaient l'exemple ? Nous finîmes par fermer les yeux et laisser faire les nôtres.

Le lendemain, 30 novembre, notre division leva le camp avant le jour et se rendit, par la route de Strasbourg, à un village nommé Neuilly-Plaisance, situé sur la rive gauche de la Marne. Le canon commençait déjà à gronder dans les forts et au plateau d'Avron, sur lequel on avait, à la demande de l'amiral Saisset, transporté de l'artillerie pendant la nuit.

Nous avançâmes un peu dans la direction de Neuilly-sur-Marne, et toute notre division resta inactive en cette position pendant la première partie de la journée. Une batterie de 12 qui marchait avec nous, finit par se placer sur la route et envoya quelques obus, assez inoffensifs du reste, sur la rive droite de la Marne où nous voyions l'ennemi accourir pour prendre part au combat.

Enfin, on fit passer notre première brigade par le pont de Brie, et l'on fit reculer la nôtre en arrière de la ligne de Mulhouse. Le plateau d'Avron et les forts tiraient par-dessus nos têtes ; nous entendions, de l'autre côté de la Marne, le bruit de l'artillerie, des mitrailleuses et de la fusillade ; mais, faute de ponts en nombre suffisant, nous restâmes inactifs.

Vers la fin de la journée, notre brigade reçut l'ordre d'occuper Neuilly-sur-Marne. Deux de nos compagnies, la septième, capitaine Brécard, appuyée en arrière par la sixième, furent envoyées pour pousser une reconnaissance jusqu'au parc de la Maison-Blanche. D'autres compagnies du régiment du Tarn devaient soutenir cette reconnaissance, dirigée par le colonel. Le reste des troupes entra dans le village pour s'y installer.

Quel fut mon étonnement, au bout d'un certain temps, de ne plus voir revenir ma septième compagnie ! Elle nous rejoignit enfin. Le capitaine me rendit compte que, arrivé à peu de distance du parc de la Maison-Blanche, occupé par l'ennemi, il s'était retourné avant de commander l'attaque pour voir où était son soutien. Il s'était aperçu qu'il était seul avec sa compagnie.

Le colonel, ainsi que les troupes de soutien, étaient occupés à s'installer dans Neuilly. On avait oublié la compagnie envoyée en reconnaissance.

Le capitaine Brécard, ne pouvant tenter une attaque aussi périlleuse avec cent hommes seulement, avait ordonné la retraite.

Le village de Neuilly-sur-Marne avait, lui aussi, été dévasté. Mais, ses environs offraient une inappréciable ressource pour nos hommes que l'on commençait à rationner; ils contenaient une immense quantité de légumes de toute sorte. En outre, il y avait un grand nombre de jardins potagers autour des habitations. Certaines grandes propriétés contenaient même des approvisionnements de combustible destiné au chauffage de magnifiques serres dont les plantes étaient à peu près toutes gelées.

A cause de ces raisons, nous eussions désiré rester longtemps à Neuilly. Mais, le 2 décembre, l'ennemi ayant vigoureusement, quoique sans succès, attaqué les positions conquises de Villiers et de Champigny, ordre fut donné à l'armée d'exécuter un mouvement de retraite. Cet ordre nous atteignit en nous forçant à abandonner Neuilly-sur-Marne.

Un fait qui mérite d'être rapporté, signala notre évacuation. Notre bataillon avait une demi-compagnie de garde en pleine campagne, à peu de distance du parc de la Maison-Blanche, dans le cimetière de Neuilly. Le commandant de la brigade m'avait ordonné de rester le dernier dans le village pour couvrir la retraite en cas de besoin. Il s'était réservé de transmettre aux divers postes de la brigade l'ordre de se replier sur nous à l'instant voulu.

Sur le point d'abandonner le village, je m'aperçus que

mon poste du cimetière avait été oublié. Je dus aller, moi-même, l'avertir et le faire rentrer sous peine de le voir enlevé par l'ennemi à la tombée de la nuit.

Nous allâmes camper en avant d'un petit bois dit de la Raffinerie, situé derrière le village de Neuilly-Plaisance. Le camp était très-sain, mais sur le penchant d'une colline et sans nul abri contre le vent qui soufflait avec violence et qui était glacial.

Nos hommes, toujours privés de leurs couvertures, eurent beaucoup à souffrir et mirent à contribution le village de Neuilly-Plaisance. Aussi, le camp fut bientôt rempli, comme celui de Rosny, de tout ce qui put y être apporté pour former un abri contre le vent et contre le froid. Sur qui faut-il faire retomber la responsabilité de ces faits déplorables, si ce n'est sur l'imprévoyance du commandement ?

Nous restâmes ainsi jusqu'au 4 décembre, jour où il nous fut enfin permis de nous réfugier dans le village de Neuilly-sous-Bois, situé au pied du plateau d'Avron. Il était aussi dévasté que les autres, mais offrait au moins l'abri de ses toits et de ses murailles contre la neige qui commençait à tomber.

Pendant notre séjour en cet endroit, nous continuâmes le service d'avant-postes en gardant la ligne s'étendant de l'extrémité du plateau d'Avron jusqu'à la Marne.

Nous étions en parfaite sécurité, car l'ennemi était loin de nous, dans le parc de la Maison-Blanche et à la Ville-Evrard. Il ne vint même pas occuper Neuilly-sur-Marne.

Ce qui explique cet éloignement de l'ennemi, ce sont les batteries qui couronnaient la grande pelouse du plateau d'Avron. On avait monté en cet endroit jusqu'à quatre-vingts et quelques pièces d'artillerie dont une certaine quantité du plus fort calibre. Ces dernières inquiétaient beaucoup les Prussiens en envoyant des projectiles jusqu'au pont de Gournay-sur-Marne qui servait au passage de leurs convois.

Sous prétexte du froid qui durcissait la terre et la rendait rebelle au travail de la pioche, on se contenta de faire des tranchées autour du plateau d'Avron et d'abriter l'artillerie derrière de faibles parapets. Quelle différence entre ces travaux et ceux qui avaient été exécutés par nos marins dans les forts, avec ces galeries casematées, ces énormes épaulements, tous ces gigantesques ouvrages en terre et en charpente.

En face des tranchées se trouvait le village de Villemomble et, derrière ce village, les collines du Raincy où l'ennemi travaillait avec activité à l'établissement de batteries qui devaient bientôt foudroyer nos forts et nos avant-postes de ce côté.

Comment se fait-il que, aussi près de ces travaux, on ne les ait pas aperçus et qu'on ne s'y soit pas opposé? Comment se fait-il que nos ennemis purent, malgré la terre gelée, établir des batteries avec des casemates et d'énormes parapets en terre, tandis que nous ne fîmes, de notre côté, que des ouvrages insignifiants?

A Neuilly-sous-Bois et à Neuilly-Plaisance nous trouvâmes encore de grandes quantités de combustible, surtout du charbon de terre, dans divers établissements. On en manquait à Paris pour la fonte des canons et des projectiles; bien que l'intendance eût été prévenue de ces dépôts, aucune voiture ne vint les enlever, et ils furent perdus pour la défense, lorsque nous quittâmes ces villages.

Notre séjour à Neuilly-sous-Bois peut être considéré comme un repos; nous faisions seulement quelques exercices lorsque la neige le permettait.

On nous rendit enfin des couvertures; non les nôtres, car elles avaient été pillées à Créteil, ainsi que les petits ballots.

Tous les jours je donnais à un certain nombre de mes hommes la permission d'aller jusqu'à Paris. Il me fallut bientôt restreindre ces permissions au strict nécessaire pour le service des vivres, de l'habillement, etc.; ce fut l'armée active, cantonnée dans Vincennes, qui en fut la cause.

Cette armée était animée du plus mauvais esprit; elle avait le dégoût de la guerre et aspirait après le moment où la capitulation de Paris l'enlèverait aux dangers et aux fatigues de cette campagne d'hiver. Aussi, lorsque nos mobiles traversaient les cantonnements de Vincennes, les soldats les abordaient, se moquaient d'eux, de ce que, étant depuis si longtemps aux avant-postes, ils y restaient encore; ils les engageaient à refuser de continuer cette existence, à déclarer nettement qu'ils ne voulaient plus se battre, qu'ils en avaient assez, et qu'ils voulaient la paix. Ces assertions n'étonneront personne, si l'on se rappelle ce que nous avons dit précédemment sur la composition de l'armée active et sur le spectacle qu'elle offrit le 28 novembre. Il n'y avait en elle aucune discipline, et le commandement y laissait lui-même beaucoup à désirer. On avait pris les cadres où l'on avait pu les trouver; des officiers avaient sauté deux grades et étaient arrivés de suite capitaines. Avec des débris pouvant former à peu près une division, on avait dû constituer les cadres de toute une armée.

Un tout jeune colonel nous disait : « L'avancement va comme un tourbillon; on s'endort avec un grade, on se réveille avec un autre, et cela arrive quelquefois tous les quinze jours. Du reste, le résultat est celui-ci : j'ai dans mon régiment plus d'officiers aux arrêts que je n'ai de soldats punis. »

Ces paroles font voir quel était le véritable état de l'armée active de Paris pendant le siége.

L'indiscipline faisait, chaque jour, des progrès effrayants, et les soldats perdaient de plus en plus toute notion du juste et de l'injuste. Nous avons vu des mobiles s'en aller par groupes de huit à dix, armés de longues barres de fer pointues, et fouiller les murailles, les caves, les jardins des maisons abandonnées, afin d'y découvrir de l'argent caché et de se l'approprier.

Nous devons rendre cette justice aux nôtres, que jamais nous ne les vîmes se livrer à ces honteuses recherches; ils eussent été très-sévèrement punis. Mais ils avaient toute autorisation pour prendre les vivres et les fourrages qu'ils découvraient dans les villages déserts et ruinés où nous séjournions. Quand ils découvraient quelques tonneaux pleins, ils partageaient le contenu entre une ou plusieurs compagnies, suivant la quantité. La diminution constante de nos rations autorisait ces actes, car nos hommes souffraient beaucoup, et sans les ressources considérables que nous fournirent les légumes, ils eussent déjà à cette époque senti les atteintes de la faim.

Pendant notre séjour à Neuilly-sous-Bois, le gouvernement de la Défense nationale rendit une décision vers laquelle il tendait depuis longtemps et qui était réclamée par les chefs de corps : il abolit la loi d'élection pour les officiers.

Par décret du 18 décembre, il fut décidé que tous les officiers de la mobile seraient à l'avenir nommés directement par le gouvernement, sur la présentation du ministre de la guerre. Il ne devait plus, dans aucun cas, être procédé à leur remplacement par voie d'élection. C'est ainsi que tomba le dernier vestige de cette funeste institution des premiers jours, qui avait produit de si tristes effets dans nos bataillons.

Le commandement lança en même temps une instruction que nous regardâmes comme inutile et contraire à l'esprit de notre nation. On prescrivit à nos hommes de plier leur tente-abri dans leur couverture de campement et de se placer le tout sur la poitrine en guise de plastron, surtout au moment d'aller au feu.

On prétendit que tous les soldats prussiens portaient une cuirasse de ce genre, et que son adoption par nos hommes devait leur donner une grande confiance pour marcher à l'ennemi. Quoi qu'il en fût, ce plastron fut tourné en ridicule et devint un objet de risée pour la plupart.

Nous partîmes de Neuilly-sous-Bois le 20 décembre pour prendre part à la bataille du 21.

Dès le 17, des ordres étaient arrivés pour faire les petits ballots, laisser les hommes malades en arrière, compléter les approvisionnements de cartouches, se munir de six jours de vivres de campagne. Mais, cette fois, on ne nous priva pas de nos couvertures. Du reste, nos hommes, instruits par l'exemple de Créteil, ne laissèrent à peu près rien en arrière. A la vérité, ils ne possédaient déjà plus, à cette époque, que les vêtements qu'ils portaient sur eux, et encore ils étaient dans le plus pitoyable état de délabrement.

Tout le monde sut, plusieurs jours d'avance, que l'on allait livrer une nouvelle bataille; l'ennemi en fut également averti, comme il l'était toujours. Nous allons en donner une nouvelle preuve en relatant un fait qui se passa dans notre brigade pendant notre séjour à Neuilly.

Un officier, s'étant trop avancé dans la direction de la Ville-Évrard, avait été tué ou blessé par l'ennemi. En apprenant cette nouvelle, l'un des chirurgiens de notre brigade partit dans cette direction, franchit Neuilly-sur-Marne et, malgré les cris des sentinelles allemandes, entra au galop dans la Ville-Évrard, où il fut arrêté et fait prisonnier.

On envoya pour le réclamer un officier d'état-major en parlementaire. Cet officier fut parfaitement reçu par le chef de poste prussien qui, devant en référer au général commandant de ce côté, pria notre délégué d'attendre la réponse et lui offrit, pour charmer ses loisirs, les journaux de Paris publiés la veille.

Comme la nuit commençait à tomber et que la réponse n'arrivait pas, l'officier français voulut se retirer. « J'espérais, lui répondit l'officier prussien, que vous me feriez l'honneur d'accepter à dîner. » Sur l'objection que cela était impossible, il ajouta : « Je sais ce qui vous embarrasse et vous force à retourner de suite ; la nuit arrive et vous n'avez pas les mots pour retourner à votre cantonnement; qu'à cela ne tienne, je vous les donnerai, nous les avons. »

X

Bataille du Bourget.

Le 19 novembre, tous les chefs de corps avaient été convoqués chez les généraux de division, afin de prendre connaissance du plan de la bataille du 21, et de bien préciser les positions que chacun occuperait.

L'armée française devait attaquer sur trois points : le Bourget, le Blanc-Mesnil et Aulnay; une diversion, partant du plateau d'Avron, devait être faite sur Villemomble, la Maison-Blanche et la Ville-Évrard.

Détachée de la division Mattat, notre brigade était jointe à la division de Bellemare et avait Aulnay pour objectif.

Le 20 décembre nous rejoignîmes notre nouveau corps et nous allâmes nous installer, pour la nuit, dans le village de Noisy-le-Sec et aux environs.

Pendant le trajet nous pûmes constater avec joie que, cette fois au moins, nous ne manquerions pas d'artillerie. Il y en avait une énorme quantité sur toutes les routes :

mitrailleuses, pièces de 8 et de 12 anciens modèles, pièces de 7 et de 24 neuves, et se chargeant par la culasse.

Dans notre bataillon nous avions bon espoir, car il nous semblait que, avec une armée de cent mille hommes et une aussi nombreuse artillerie, nous allions enfin faire cette trouée tant désirée et donner la main aux armées de province, dont on nous annonçait depuis si longtemps les victoires et la marche incessante sur Paris.

Le lendemain matin 21, nous primes position dans la plaine, entre Bondy et le Drancy; nous franchîmes le canal de l'Ourcq sur des ponts de bois, dont un grand nombre avait été jeté, et nous nous avançâmes jusqu'à hauteur de la ferme du Groslay.

L'action s'engagea d'abord sur le Bourget, objectif de la première attaque; le combat y fut des plus acharnés. L'artillerie tonna bientôt de tous les côtés, et nous entendîmes en avant de nous le grincement incessant et agaçant des mitrailleuses.

Pendant une halte, on nous communiqua une dépêche officielle de M. Gambetta : l'armée de la Loire venait de remporter un succès considérable : dix mille Prussiens avaient été tués, autant faits prisonniers. Cette armée marchait sur Paris.

Nous restâmes convaincus que cette sortie était la dernière, que le jour de la délivrance était enfin arrivé. Notre illusion fut bientôt dissipée, et nous vîmes une fois de plus combien étaient mensongères toutes ces dépêches divulguées au moment du combat et inventées uniquement pour stimuler l'ardeur des hommes. Si le but était d'abord atteint par ces dépêches, elles avaient ensuite le grand inconvénient de laisser après elles, au moment de la désillusion, le découragement le plus profond.

L'attaque sur le Bourget échoua. Comme elle était le point de départ de toute la journée, la bataille fut complétement manquée et n'amena aucun résultat.

De notre côté, le combat se présentait dans de bonnes conditions; tout portait à croire que notre objectif, Aulnay, serait bientôt atteint en faisant un nouvel effort en avant. Mais on donna l'ordre de battre en retraite, et nous reculâmes jusqu'à ce que la gauche de notre ligne fût à hauteur du village du Drancy.

Notre artillerie fut, comme toujours, impuissante à répondre à celle de l'ennemi. Beaucoup de pièces nouvelles éclatèrent par suite d'un vice de construction; beaucoup ne tirèrent même pas : les artilleurs n'étaient pas encore habitués à leur service.

Notre brigade formait cinq groupes de bataillons. A droite, les trois bataillons du Tarn, échelonnés depuis le village de Bondy ; à gauche, notre bataillon divisé en deux demi-bataillons.

Par une singulière coïncidence, nous nous trouvions toujours en tête lorsqu'il s'agissait d'aller au feu et les derniers quand il fallait s'acheminer vers les cantonnements ou battre en retraite. Aussi, ce jour-là, nous fûmes les seuls de la brigade qui eurent à souffrir.

Un ordre formel, donné la veille par le général Ducrot, défendait de placer de l'infanterie derrière de l'artillerie. Malgré cet ordre, on plaça mes deux demi-bataillons nonseulement derrière de l'artillerie, mais encore entre les pièces et leurs caissons, ce qui était une faute capitale.

Je fis demander à M. le général de Bellemare l'autorisation de placer mes hommes à droite et à gauche de la batterie, en dehors du trajet des projectiles que l'ennemi lançait sur elle; j'éprouvai un refus.

Je demandai alors à faire reculer mes colonnes un peu en arrière des caissons; nouveau refus et fort peu parlementaire.

Comme nous étions en colonne serrée, que les obus pleuvaient dru, et que j'avais déjà des hommes de blessés sans nulle utilité, l'ennemi ne se servant contre nous que de son artillerie, je fis former les faisceaux et je renvoyai mes mobiles à petite distance en arrière, mais hors de portée des projectiles. Mon bataillon occupait ainsi toujours la place qui lui avait été assignée, mais je risquais seulement avoir mes fusils estropiés et non mes hommes.

Quand arriva l'ordre de faire un mouvement, ce fut, hélas! comme toujours, de battre en retraite; je rappelai mes mobiles, qui revinrent immédiatement prendre leurs rangs; il n'en manqua pas un seul, sauf les blessés. J'évitai de cette manière des pertes sérieuses et tout à fait inutiles

Nous vînmes établir notre camp en arrière de l'une des tranchées qui joignaient le Drancy à Bondy. De tous côtés, dans la plaine, ainsi que dans les villages, on avait élevé des batteries en terre. La plupart ne furent d'aucune utilité, puisqu'on ne les garnit même pas de canons.

Les fatigues et les périls de la journée du 21 ne furent absolument rien en comparaison des souffrances de la nuit qui suivit. Le thermomètre descendit jusqu'à 12 et 14 degrés au-dessous de zéro; il soufflait un vent glacial. Le canal gela à une grande profondeur; on fut obligé de casser la glace à coups de hache pour y puiser une eau détestable.

Impossible de rester sous les tentes, qui n'offraient qu'un abri dérisoire contre une telle température. Les hommes allumèrent de grands feux de bivouac et se groupèrent autour. Le matin, la fatigue et le froid les avaient tellement engourdis, que beaucoup, les pieds presque dans le foyer, laissaient tomber leurs têtes alourdies par le sommeil, les bras pendants, les mains dans le brasier. Plusieurs eurent les extrémités gelées, et un grand nombre de nos mobiles gagnèrent, pendant cette nuit funeste, des affections de poitrine qui ne tardèrent pas à les enlever.

Le 22 décembre, notre division revint s'entasser à Noisy-le-Sec. Nous nous attendions à marcher de nouveau après un ou deux jours de repos; mais le gouvernement allégua la rigueur de la saison qui rendait impossible le séjour du soldat sous la tente. Je crois plutôt que la journée du 21 lui avait prouvé notre impuissance.

Le 24, nous reçûmes de nouvelles destinations; on envoya notre brigade à Bondy, où nous devions rester jusqu'à la fin du siége à faire le service d'avant-postes.

Les troupes alors groupées dans ce village comprenaient : quelques centaines de marins que l'on rappela bientôt dans les forts; notre brigade, composée de notre bataillon et du régiment du Tarn; en outre, deux bataillons de gendarmes ou de garde républicaine; enfin, un bataillon d'éclaireurs de la Seine.

La ligne de défense était formée, à gauche, par le canal de l'Ourcq. Les rives de ce canal, étant plus élevées que le sol d'environ 3 mètres, formaient un excellent parapet pour cacher les sentinelles et les tirailleurs. A hauteur du milieu du village partait une tranchée occupée par un bataillon de la ligne et allant dans la direction de la ferme du Groslay. En avant de Bondy, du côté de la forêt, s'élevait une grande barricade interceptant la grande route de Metz et située à environ six cents mètres des avant-postes ennemis. Cette barricade était reliée au canal par une petite tranchée.

Depuis la grande barricade jusqu'au point le plus avancé de la ligne de défense, le cimetière, s'étendait une série de murs crénelés, pour la plupart renforcés de terre intérieurement. Ces murs ne formaient pas une ligne droite, mais faisaient plusieurs coudes et étaient par suite très-favorables à la défense en se flanquant mutuellement.

Auprès du cimetière venait aboutir la rue Saint-Denis, se perdant dans les champs du côté de la forêt, tandis que son autre extrémité rejoignait la grande route de Metz à l'arrière du village et formait, en cet endroit, un carrefour où se trouvait une seconde barricade.

Le cimetière était crénelé et possédait, du côté de l'ennemi, de forts revêtements en terre avec embrasures pour l'établissement d'une batterie.

Du cimetière au chemin de fer de Strasbourg, à la station de Bondy, nommée par nous la gare brûlée, s'étendait à travers champs une longue tranchée. A 200 mètres en arrière de cette tranchée, se trouvait la droite du village de Bondy formée par de grandes propriétés enceintes de murs; la dernière, du côté de la gare, portait le nom d'ancien château. Tous ces murs étaient crénelés et devaient servir de seconde ligne de défense dans le cas où l'ennemi aurait forcé la première.

Les trois principaux points à garder étaient donc : la grande barricade avancée, le cimetière et la gare brûlée.

Outre la batterie établie au cimetière, il y en avait encore une près du pont du canal, en arrière de Bondy; plusieurs, pour la plupart seulement ébauchées, le long de l'Ourcq; une autre achevée derrière la petite tranchée, joignant le canal à la route de Metz; une, à peine commencée, à droite de la route; enfin, plusieurs dans la plaine et derrière le village.

Les batteries du pont, de la petite tranchée, du cimetière t de la gare brûlée furent seules armées sérieusement pendant quelques jours. Ces ouvrages furent autant de points ur lesquels s'acharna le tir de l'ennemi pendant le bombar.ement.

Bondy, au moment où nous nous y installâmes, était déjà n ruines, sauf une maison située à hauteur du carrefour, ntre la route de Metz et le canal. Dans cette habitation 'était tenu l'état-major, et durant peu de jours M. l'amiral aisset, ce qui fit qu'on la nomma : maison de l'amiral. Toutes les autres demeures du village avaient été pillées et rûlées par les éclaireurs qui avaient séjourné en cet enlroit pendant que nous étions à Bobigny. Malgré ce specacle de désolation, les maisons étaient, à cette époque, xtrêmement confortables, en comparaison de ce qu'elles urent après le bombardement.

Il fallut nous abriter le mieux possible contre le froid au nilieu de ces ruines.

A partir de notre arrivée à Bondy, nous nous trouvâmes le nouveau sous les ordres de l'amiral Saisset, commandant supérieur des forts de l'Est.

Nous citerons de suite deux notes qui nous parvinrent plus tard et qui montreront l'énergie du commandement sous equel nous nous trouvions ; énergie indispensable, du reste, à cette époque.

La première disait : Ordre est donné à tous les chefs de détachement de briser les bouteilles de spiritueux, de chasser à coups de bâton tous les marchands de liquides et de fusiller tous ceux qui s'opposeront de force à l'exécution de ces prescriptions.

La seconde : A chaque instant il m'est amené des civils qui vont aux avants-postes, demandant à passer je ne sais où et pour faire je ne sais quoi; fusillez tout individu qui cherche à séjourner près de nos avancées, et ne me les envoyez plus.

La défense eût été bien plus efficace et plus sérieuse si on avait rencontré chez tous les chefs une semblable énergie.

XI

Le bombardement.

Tandis que les Français trouvaient la terre trop gelée pour être creusée, les Prussiens la remuaient nuit et jour avec une incroyable ardeur et établissaient toute une ligne de profondes tranchées et de batteries dans le parc du Raincy, au-dessus du village de Gagny et jusqu'au mamelon de Chelles.

C'est pourquoi nous ne fûmes pas longtemps en repos dans le village de Bondy; le 27 décembre, le bombardement commença contre le plateau d'Avron, les forts de l'Est et les divers avant-postes, depuis la Marne jusqu'au Drancy. L'ennemi s'acharna d'une façon toute particulière sur Bondy qui se trouva, après l'évacuation d'Avron, le point le plus avancé de notre ligne de défense.

Les premiers obus arrivèrent en plein dans les maisons occupées par notre bataillon, entre l'église et le cimetière; cette fois encore nos hommes furent l'objet d'une protection providentielle. Tandis que les gendarmes, cantonnés à côté et même en arrière de nous, eurent des tués et des blessés, nous n'éprouvâmes aucune perte.

Notre première compagnie se trouvait tout entière, y compris ses officiers, dans une grande habitation, la plus avancée et la plus en vue du côté de l'ennemi. Quatre projectiles lui arrivèrent dès le commencement; ils ne blessèrent personne. Nos mobiles purent évacuer successivement ce poste dangereux en emportant leurs effets et aller chercher un refuge dans les caves environnantes. Les plus grands éloges sont dus, en cette circonstance, au sergent-major de cette compagnie, Marie, et à ses braves sous-officiers, qui firent preuve du calme le plus parfait et ne quittèrent eux-mêmes la place que lorsqu'ils se furent assurés qu'il n'y restait plus un seul de leurs hommes.

A partir du 27 décembre, les batteries du Raincy ne cessèrent d'accabler le village de Bondy sous des projectiles de douze centimètres de diamètre. Aussi, il fut impossible d'y laisser toutes les troupes qui s'y trouvaient alors réunies et qui n'avaient plus pour refuge que les caves.

L'artillerie évacua la première. Elle ne pouvait pas répondre efficacement à celle de l'ennemi pour plusieurs motifs : D'abord, tandis que nos batteries avaient été établies derrière de faibles épaulements en terre, celles du Raincy étaient enfoncées dans le sol, protégées encore par des remparts en terre et en bois et ne montraient, grâce à l'élévation des affûts, que la gueule de leurs canons; ensuite, les servants des pièces étaient de notre côté à découvert, tandis que les artilleurs prussiens avaient des abris casematés pour s'y réfugier; puis, nos batteries étaient établies dans la plaine, tandis que celles de l'ennemi étaient sur des hauteurs, à 2,500 mètres environ de nous, et avaient l'avantage d'un feu plongeant; enfin, nos canons étaient en général d'un calibre plus faible, avaient moins de portée et de force de pénétration que ceux de nos adversaires.

Une fois l'artillerie partie, nous fûmes réduits, comme toujours, à recevoir des obus sans pouvoir répondre et à attendre que l'ennemi voulût bien nous attaquer pour avoir la satisfaction de nous battre contre des hommes.

Les gendarmes quittèrent également Bondy pour se réfugier d'abord à Noisy-le-Sec, puis à Paris.

Le 28 décembre, il ne resta plus que le régiment des mobiles du Tarn, le 4e bataillon des éclaireurs de la Seine et notre bataillon. Toutes ces troupes vinrent prendre leurs derniers cantonnements à Noisy-le-Sec, et on organisa, à partir de cet instant, un service régulier de grand'garde à Bondy et à un village intermédiaire entre Bondy et Noisy, nommé le Merlan.

Les troupes commandées chaque jour de service se composaient d'un bataillon de mobiles et d'une compagnie et demie d'éclaireurs auxquels vinrent bientôt se joindre un bataillon de gardes nationaux.

Ces forces étaient ainsi réparties le long de la ligne de défense : Deux compagnies de mobiles restaient au Merlan; les cinq autres avec l'état-major gardaient la ligne du canal, la grande barricade de la route de Metz, les murs crénelés, le cimetière et la gare brûlée; à chacun des postes de la grande barricade, du cimetière et de la gare brûlée, les points les plus importants à défendre, se trouvait une demi-compagnie d'éclaireurs; enfin, la garde nationale occupait la petite tranchée, entre la route de Metz et le canal, et la grande tranchée, entre le cimetière et la gare brûlée.

Pendant ces gardes, tous ceux qui n'étaient pas de ronde ou en sentinelle se réfugiaient dans les caves les plus solides de Bondy. Seul, l'état-major de notre bataillon ne cessa pas d'habiter le rez-de-chaussée de la maison de l'amiral; la cave était occupée par le télégraphe communiquant avec le village et le fort de Noisy. Les obus pleuvaient de tous les côtés autour de cette maison qui était l'un des principaux objectifs du tir de l'ennemi ; les éclats des projectiles frappaient à tout moment les murailles. A la fin, le toit lui-même commençait à être fortement endommagé ; mais une habitation se trouvait, par bonheur, entre notre refuge et les batteries ennemies ; elle recevait tous les obus qui nous étaient destinés et qui arrivaient directement sur nous.

Ce fut donc grâce à elle que nous pûmes conserver notre même demeure jusqu'au dernier jour, et que nous passâmes plus d'une joyeuse soirée en attendant que l'on vînt nous relever et en dépit des projectiles dont nos ennemis ne cessaient de nous gratifier.

Un fait pourra, du reste, donner une juste idée de la prédilection que les artilleurs prussiens avaient pour notre refuge : Une nuit, en faisant une ronde le long du canal, je trouvai la sentinelle placée juste derrière la maison de l'amiral dans un état de vive émotion ; je lui en demandai la cause, croyant qu'elle avait découvert l'ennemi dans la plaine ; mon mobile me répondit : « Mon commandant, depuis une heure que je suis ici en faction, j'ai été obligé de me coucher plus de quarante fois, tant ces gredins-là (les Prussiens) s'acharnent à tirer de mon côté. »

On peut estimer que chaque fois que nous étions de garde, nous recevions trois ou quatre cents obus, quand l'ennemi était calme, et au moins le double quand il était en colère, ainsi que le disaient nos hommes. Il nous est souvent arrivé de compter jusqu'à cinq et six obus par minute en ces dernières occurrences.

Le bombardement de Bondy dura juste pendant un mois dans ces conditions ; aussi les maisons n'avaient plus ni toits, ni plafonds ; il en restait à peine les murs et encore complétement à jour ; l'église avait perdu la moitié de sa tour, le chœur et une partie de ses fenêtres ; la rue Saint-Denis qui se trouvait dans la direction du tir de l'ennemi, était particulièrement abîmée : d'un bout à l'autre ses maisons ne formaient plus qu'une ruine, et son sol était littéralement jonché de débris d'obus.

Par suite de l'effondrement des toits et des murs, les caves, où nos hommes se réfugiaient, avaient fini par ne plus présenter elles-mêmes de garanties de solidité et de sécurité. A la gare brûlée surtout, ce dernier asile n'était plus tenable depuis que des obus avaient eu l'indiscrétion de venir éclater jusque dans la cage de l'escalier et l'avaient bouleversée.

Chaque fois que nous prenions le service, je redoutais de perdre une compagnie entière en ce dernier endroit. J'en fis l'observation au colonel commandant la brigade ; il me répondit qu'on pouvait très-bien y tenir encore pendant longtemps sans danger.

Il faut dire, pour bien juger de cette appréciation, qu'il ne venait jamais faire de visites dans nos tranchées, et que, par suite, il ignorait complétement l'état dans lequel se trouvaient les ouvrages de défense et les caves servant de refuge aux défenseurs.

Il n'aurait pu être renseigné à cet égard que par le major de tranchée ou les aides-majors. Mais, par une incroyable fatalité, nous n'eûmes jamais le bonheur de voir ces messieurs au milieu de nous quand nous étions de garde. Bien que je me fusse souvent informé si, pendant la nuit, on n'avait pas eu leur visite sur un point quelconque de la ligne de défense, je reçus toujours des réponses négatives.

Notre position dans Bondy était d'autant plus critique que l'ennemi dirigeait admirablement son tir. Au bout de quelques jours, il l'avait rectifié et frappait juste aux endroits de passage, les plus dangereux pour la défense, tels que les deux barricades, la maison de l'amiral, le cimetière, la gare brûlée et les divers carrefours où les routes aboutissaient et que l'on devait franchir à découvert. A l'aide de points de repère très-bien établis dans les batteries, le tir avait la même rectitude pendant la nuit.

Aussi, étions-nous obligés d'observer les plus grandes précautions quand nous prenions ou quand nous quittions la garde. L'heure était changée chaque fois : nos compagnies partaient successivement et en observant le plus grand silence ; il était défendu de fumer et même de parler en route. Malgré tout, il était rare que nos hommes pussent franchir les deux kilomètres en rase campagne qui séparaient Bondy de Noisy, sans être salués par des obus. Au milieu de la nuit, le moindre bruit se percevait à des distances considérables; mais, ce qui compensait largement ce désavantage, c'était que les éclairs jaillissant des canons ennemis étaient parfaitement distincts et se voyaient assez longtemps avant l'arrivée du projectile pour que l'on pût se garer.

Peu à peu nos hommes arrivèrent à éviter les effets destructeurs du bombardement. Ils finirent même par prendre tellement confiance, en voyant l'inutilité du tir ennemi, que beaucoup ne se donnaient plus la peine de se cacher lorsqu'ils entendaient le bruit précurseur et bien connu du projectile.

Ce calme était aussi dû en grande partie à la présence

incessante de leurs officiers au milieu d'eux, dans les tranchées, dans les caves, partout où il y avait à braver des périls, à partager des privations, à endurer des souffrances. Ces messieurs ont prouvé, surtout en ces derniers temps de dures épreuves, le plus complet et le plus admirable dévouement dont leurs hommes ne peuvent perdre le souvenir, et qui leur assurent à jamais leur estime et leur affection. Contrairement à ce qui se passait dans d'autres corps et à ce que l'on croit généralement, les officiers de notre bataillon, depuis notre départ pour les avant-postes jusqu'à la fin du siége, c'est-à-dire pendant quatre longs mois, ont eu la même nourriture que leurs hommes et ont couché par terre, comme eux, n'ayant pour tout lit que leurs couvertures.

Il est un fait qui mérite être rapporté et qui se produisit pendant l'une des premières gardes que nous montâmes à Bondy.

Nous avons dit que l'artillerie qui se trouvait disséminée dans la plaine, étant impuissante à répondre efficacement à celle de l'ennemi, avait été retirée dès le commencement du bombardement ; le plateau d'Avron avait également été évacué.

Mais les forts n'avaient pas à cette époque un armement suffisant pour atteindre les batteries du Raincy et les faire taire. Il fallut un certain nombre de jours pour y amener de gros canons de marine ainsi que des pièces nouvelles à longue portée et pour installer convenablement cette artillerie. Pendant ce temps, les défenseurs de Bondy furent complétement à la merci des artilleurs prussiens.

Une après-midi, le 5 ou le 9 janvier, nous étions de garde :

l'ennemi nous avait particulièrement accablés pendant toute la journée; la nuit commençait à tomber, et nous espérions que les batteries du Raincy allaient enfin nous laisser un peu de repos, quand nous entendîmes tout à coup une effroyable détonation qui fit trembler la maison de l'amiral jusque dans ses fondements.

Nous sortîmes au plus vite pensant que les Prussiens venaient de démasquer de nouvelles batteries et que nous étions perdus. Quelle fut notre stupéfaction en voyant nos sentinelles rire et danser en pleine rue et sans se soucier des obus. Tous les hommes sortaient des caves et partageaient la joie de leurs camarades. C'était à qui pourrait se hisser sur une ruine pour mieux voir le Raincy.

Nous eûmes de suite l'explication de ces faits : l'armement de nos forts était, il paraît, terminé; aussi, à un signal donné par celui de Noisy, où résidait l'amiral Saisset, tous les forts de l'Est, les batteries et redoutes intermédiaires placées sur les hauteurs en face du Raincy, avaient fait feu en même temps et avaient produit cette formidable détonation qui nous avait alarmés.

Le tir ennemi s'était de suite arrêté. Ceci se renouvela plus tard. Chaque fois que les batteries prussiennes battaient un point avec trop d'acharnement, nos forts répondaient et le feu de l'ennemi cessait aussitôt. Par malheur, nos approvisionnements en projectiles étaient très-limités, à cause du manque de combustible pour en fondre, c'est pourquoi il fallut les employer avec le plus grand discernement, et les réponses de notre artillerie furent de plus en plus rares.

Pendant le dernier mois du siége de Paris, janvier 1871,

notre bataillon se trouva réduit au plus déplorable état. Depuis octobre, il n'avait pas cessé d'être en dehors de la capitale, toujours aux avant-postes. Cette existence pénible, déjà si dure au début, à Bobigny, avait affaibli, épuisé nos officiers et nos hommes.

Aussi, chaque fois que nous étions de garde, c'est à peine si nous pouvions réunir 70 hommes par compagnie en prenant tous ceux qui pouvaient encore se traîner ; ils étaient 140 par peloton au départ d'Elbeuf ; les maladies avaient fortement sévi dans leurs rangs.

Nos officiers n'étaient pas en meilleur état ; des compagnies n'en avaient plus ; souvent, malgré leur courage et leur énergie, malgré leur ferme volonté de ne pas quitter leur poste, ils étaient obligés de prendre quelques jours de repos, tant ils étaient épuisés par cette existence de privations.

Il n'y en eut que deux sur vingt-quatre qui purent résister jusqu'à la fin sans aucune interruption.

La nourriture faisait déjà défaut. Les provisions de légumes faites à Neuilly-sur-Marne étaient complétement épuisées ; les rations réglementaires étaient insuffisantes ; au moment où nos hommes auraient eu le plus besoin d'être bien nourris, afin de réparer leurs forces et de combattre l'épuisement provenant des fatigues et des maladies, ils n'avaient plus à manger qu'un jour sur deux, et quelle nourriture !

En effet, on ne touchait plus à cette époque, et par ration, que 60 grammes de riz ou de légumes secs et 175 grammes de cheval ou 100 grammes de viande de conserve. Quant au pain, on en donnait encore 750 grammes ; mais quel pain !

C'était une amère dérision de donner un tel nom à ce mélange indéfinissable de paille, de poussière et de grains de toutes espèces, à cette pâte noire et gluante que l'estomac repoussait et dont chacun a pu voir des échantillons après le siége.

Il n'est pas étonnant que, avec une telle nourriture, nos hommes fussent exposés sans défense aux maladies que le froid et la fatigue engendraient parmi eux. Il n'en est presque pas un seul qui, à la fin de la guerre, ne fût plus ou moins gravement atteint à la poitrine. Pour bien se convaincre du triste état dans lequel ils étaient, il suffisait de les accompagner pendant le trajet de Noisy à Bondy, chaque fois que, au milieu de la nuit, ils allaient prendre la garde.

Bien que le silence le plus absolu fût ordonné, on entendait, surtout à l'arrivée, un concert effrayant de toux qu'il était impossible d'empêcher bien qu'il y allât de la vie, puisque la réponse de l'ennemi était toujours des obus. Certes, si un médecin eût été appelé, en temps ordinaire, à donner une consultation sur l'état de l'une quelconque de nos compagnies, il lui eût d'abord ordonné le repos le plus absolu et eût prédit la fin d'un certain nombre. Mais il fallait aller, quand même, jusqu'à la fin; aussi, la mort fit de larges trouées dans nos rangs.

A ces souffrances physiques, chaque jour plus grandes, il faut ajouter les souffrances morales qui entraient pour une large part dans l'épuisement de nos mobiles.

Les bruits les plus désastreux circulaient sur notre pays. Nous savions que les Prussiens l'avaient envahi et en étaient maîtres. On prétendait qu'ils avaient dévasté les campagnes et pillé les villes; on citait le chiffre des énormes contributions de guerre dont ils avaient frappé Rouen et Elbeuf; on allait même jusqu'à nommer les riches propriétaires dont les demeures avaient été mises à sac.

On comprend tout ce qu'il y avait de pénible dans de tels bruits pour des hommes privés de nouvelles depuis longtemps et qui avaient laissé, dans ce pays saccagé, leurs fortunes et leurs affections.

Pourtant, nous eûmes encore une lueur d'espoir : ce fut le 19 janvier. Ce jour-là, nous étions de garde à Bondy ; l'ennemi nous laissait à peu près tranquilles. Son attention et la nôtre étaient concentrées sur le drame qui se jouait de l'autre côté de Paris Nous entendions le bruit de la canonnade qui ressemblait aux roulements non interrompus du tonnerre. Ne sachant pas que l'armée de Paris livrait de ce côté une bataille, nous crûmes un instant que c'était l'armée de province qui arrivait enfin. Malgré toutes nos déceptions, il nous restait encore la force de croire à un revirement de la fortune, tant l'âme de l'homme a besoin de s'ouvrir à l'espérance, même lorsqu'il est écrasé ; tant nous avions de foi en notre patrie.

Mais, après une dépêche annonçant le succès, nous apprîmes bientôt la vérité. Nous avions encore été contraints à battre en retraite. Nous étions tout à fait vaincus ; c'était le suprême effort, l'agonie ; c'était la dernière fois que notre armée était refoulée dans Paris ; elle ne devait plus en sortir.

Ce qui ajouta à notre tristesse, si cela était possible, ce fut d'apprendre la nouvelle émeute, tentée le 22 janvier par la populace pour établir la Commune de Paris. Nous fûmes avertis de nous tenir prêts à marcher dans le cas où les troupes de l'intérieur auraient besoin de renforts. Certes, s'il nous eût été donné de contribuer au châtiment des misérables qui osaient, pour la troisième fois et quand Paris agonisait, susciter l'émeute en face de l'ennemi, nous eussions agi avec la plus extrême énergie. Nous aurions, du reste, eu cent fois raison d'être sans pitié, ainsi qu'on pourra en juger par ce qui nous arriva lors de notre rentrée, après la capitulation.

Le 21 janvier, on avait supprimé le titre et les fonctions de gouverneur de Paris ; M. le général Trochu n'était plus que le président du gouvernement de la Défense nationale, M. le général Vinoy était nommé commandant en chef de l'armée.

Je renouvelai alors les démarches que j'avais faites quelques jours avant, auprès de nos généraux, même auprès du gouverneur, afin d'obtenir quelque temps de repos pour notre bataillon.

Comme motifs, à l'appui de ma demande, j'exposai : l'état d'épuisement de notre bataillon, état résultant de quatre mois de service aux avant-postes pendant la saison la plus dure et la plus malsaine ; le chiffre toujours croissant de mes malades, plus de trois cents auxquels il fallait ajouter un pareil nombre d'hommes n'étant pas en meilleur état ; la pénurie d'officiers où nous nous trouvions, dix étaient aux ambulances ou dans l'impossibilité de faire leur service. A toutes ces raisons, j'ajoutai celles-ci : Des bataillons de mobiles étaient restés dans l'intérieur de Paris presque depuis le commencement du siége, tandis que nous avions été constamment dehors ; des corps avaient eu tout le bien-être, tout le repos, tandis que d'autres avaient eu toutes les privations, toutes les fatigues ; il me paraissait juste que chacun eût sa part de souffrances ; nous avions plus que la nôtre ; c'est pourquoi je sollicitai instamment quelques jours de repos.

Je ne demandais qu'une semaine ; tout me fut refusé. On me répondit que l'on reconnaissait la justesse de mes observations, que l'on savait dans quel état pitoyable nous nous trouvions, que l'on ne pouvait oublier les services que nous avions rendus à la défense, mais que l'on avait encore besoin de nous. On eut même la complaisance d'ajouter que nous étions à une place d'honneur et qu'on nous y laissait parce que, ayant l'habitude de faire le service des avant-postes, on avait entière confiance en nous ; qu'on ne pouvait confier à de meilleures mains la garde de l'une des positions les plus hasardées de la défense.

XII

Le combat du 5 janvier.

D'après l'acharnement avec lequel les Prussiens bombardèrent le village de Bondy pendant un mois entier, il est à supposer que cette position les gênait beaucoup. Elle pouvait, en effet, permettre à l'armée française d'y concentrer des troupes pendant la nuit, sans donner l'éveil, et de tenter à la pointe du jour une attaque de vive force sur les batteries du Raincy et de Gagny.

Surtout après la reprise de la ferme du Groslay par l'ennemi, Bondy s'avançait en quelque sorte comme un coin au milieu des avant-postes de nos adversaires.

C'est pourquoi ils vinrent souvent, un peu en avant le lever du soleil, et surtout lorsque le bombardement avait été très-violent, soit la veille, soit pendant la nuit, pour s'assurer que la position était toujours tenue par les troupes françaises.

La plupart du temps, ces attaques se bornaient à des coups de fusil échangés entre les tirailleurs ennemis et nos sentinelles, qui suffisaient pour les repousser; quelquefois, mais rarement, il était nécessaire de renforcer la ligne de défense en plusieurs points.

Il n'y eut qu'une seule attaque réelle, énergique, combinée sur plusieurs endroits à la fois, et faite par un nombre considérable de troupes divisées en deux colonnes, en un mot, une surprise de vive force ne tendant à rien moins qu'à enlever la position après en avoir chassé les défenseurs ou les avoir faits prisonniers.

Cette attaque eut lieu le 5 janvier 1871, vers six heures du matin, et faillit réussir, grâce à la conduite des gardes nationaux. Nous étions de service à Bondy. Nous venions de doubler nos sentinelles, ainsi que nous le faisions toujours à cette heure, dans la crainte d'une tentative de l'ennemi. Le bombardement avait été des plus violents pendant la nuit, et nos hommes étaient énervés par la pluie d'obus qui ne cessait de tomber de tous côtés. Aussi, dès que la fusillade commença, qu'ils reçurent l'ordre de se porter au secours de leurs camarades et de garnir les lignes de défense, ils surgirent comme par enchantement de leurs caves, et, officiers en tête, coururent, tout joyeux, se placer à leurs postes de combat, toujours assignés d'avance à chacun. Enfin, ils allaient se battre contre des hommes! C'est pourquoi le feu de notre côté ne tarda pas à être des plus nourris et des plus meurtriers pour nos adversaires.

Cette vive et ardente riposte était indispensable, car les Prussiens s'avançaient sur deux fortes colonnes de chaque côté du canal de l'Ourcq. L'une était dirigée principalement sur le cimetière, la position avancée de Bondy, et l'autre était lancée sur la gauche du village qui pouvait être tourné et enlevé en franchissant le canal, alors recouvert d'une épaise couche de glace.

Aussitôt que l'attaque commença, les gardes nationaux de service dans les tranchées abandonnèrent leurs postes et s'enfuirent. La ligne de défense se trouva ainsi ouverte en deux endroits : à droite du cimetière et entre la grande barricade et le canal.

Par la première trouée, l'ennemi pouvait tourner le cimetière et enlever cette position avancée ; mais il se trouvait ensuite arrêté par les murs crénelés, situés à environ deux cents mètres en arrière, et formant, de ce côté, la seconde ligne de défense.

Par la deuxième trouée, les Prussiens pouvaient pénétrer de suite au cœur du village, faire prisonniers tous les défenseurs placés en avant, depuis la grande barricade jusqu'au cimetière, prendre à revers ceux qui étaient postés le long du canal, et ainsi se rendre maîtres de la position.

Le danger fut tellement sérieux de ce côté que l'un des assaillants parvint à franchir le canal sur la glace et à sauter dans la tranchée. Heureusement, il fut aperçu à ce moment par deux défenseurs, un éclaireur et un mobile, embusqués dans un trou creusé en avant sur la berge du canal ; leurs baïonnettes les débarrassèrent de cet intrus ; ils s'attachèrent à garder, autant qu'ils le purent, l'espace laissé à découvert par la garde nationale, afin d'éviter semblable entreprise dont la réussite eût entraîné la prise du village.

Au cimetière, nos mobiles redoublèrent d'énergie ainsi que les éclaireurs qui se multiplièrent et dont je ne saurais trop louer la courageuse conduite et l'intelligente défense en cette circonstance. Secondés par les feux partant à gauche des murs crénelés, nos hommes parvinrent à forcer l'ennemi à la retraite en lui faisant subir des pertes assez sérieuses pour qu'il ne pût enlever tous ses morts. L'attaque avait été tellement vive que plusieurs cadavres prussiens furent retrouvés après l'action auprès des murs du cimetière et des premières maisons du village ; ils durent être enterrés par les nôtres.

La colonne d'assaillants qui opéra sur la rive gauche du canal vint se heurter contre la tranchée qui partait du milieu de Bondy et se dirigeait sur le Drancy. Cette tranchée était occupée par un bataillon de la ligne qui ouvrit un feu très-nourri, dès que nos sentinelles avancées l'eurent, par leur tir, averti de la présence des Prussiens. En même temps, nos mobiles qui garnissaient la rive droite du canal, prirent l'ennemi de flanc et l'accablèrent de projectiles. Les Prussiens se trouvèrent ainsi sous le coup d'une double fusillade partant des deux côtés d'un angle droit au centre duquel ils se trouvaient. Là encore ils subirent des pertes sensibles.

Ce qui nous le prouva, dès que le jour commença à paraître, c'est qu'ils vinrent avec tout leur matériel d'ambulances ramasser leurs morts et leurs blessés à environ cent mètres de notre ligne de défense.

Il est à remarquer que, tandis que nous les laissions procéder à cette opération, sans les inquiéter, en vertu des conventions de Genève dont ils portaient les insignes, les batteries du Raincy recommencèrent à tirer sur nous.

Grâce à l'élévation des berges du canal au-dessus desquelles nos hommes ne montraient que la tête pour tirer, tous les projectiles ennemis passaient par dessus les défenseurs et allaient frapper sur les murs de la grande route de Metz où se trouvait ma première compagnie, la seule que j'eusse conservée en réserve. C'est sur elle que je comptais le plus dans le cas où les Prussiens, profitant d'une des ouvertures faites par la fuite des gardes nationaux, auraient envahi le village et tourné la première ligne de défense.

Ce qui peut prouver combien les balles tombaient dru en cet endroit, ce furent les traces qu'elles laissèrent sur un poteau indicateur en fer, situé au premier carrefour de Bondy. Bien qu'il n'eût que 7 à 8 centimètres de diamètre, nous y trouvâmes la marque de plus d'une douzaine de projectiles.

Du reste, fort inquiet des conséquences que pouvait avoir l'abandon des tranchées par la garde nationale et de la prolongation de la lutte sans que le tir ennemi se ralentît, je montai sur la berge du canal pour juger la situation de ce côté. Je dus bientôt redescendre de ce poste élevé, la position n'était pas tenable, et il fallut me borner, comme les défenseurs, à ne risquer que la tête.

Si je m'appesantis sur ces derniers détails, c'est que le commandant de notre brigade parut d'abord mettre en doute cette action à laquelle lui et les siens n'avaient pris nulle part. Il fallut, pour le convaincre, lui fournir les preuves matérielles que vinrent, du reste, confirmer les rapports des éclaireurs et du bataillon de la ligne qui se trouvait à notre gauche.

Voici quelle fut la conduite du colonel Reille en cette circonstance ; il est indispensable de la bien préciser, afin de juger ce qui arriva lorsque notre général de division demanda des récompenses pour le bataillon.

Tant que dura le combat, je ne transmis aucune dépêche ni au fort, ni au commandant de la brigade au village de Noisy-le-Sec. Je jugeai cette précaution inutile ayant encore ma réserve. Du reste, les secours seraient arrivés trop tard, ainsi qu'on va le voir.

Une fois le calme rétabli partout, c'est-à-dire, l'ennemi partout repoussé, je rendis compte par le télégraphe de ce qui venait de se passer.

Quel fut l'étonnement de mon capitaine commandant le détachement du Merlan, lorsque, deux heures après que tout était fini, il vit arriver le régiment du Tarn ayant à sa tête le colonel Reille et accompagné des deux mitrailleuses attachées à la brigade !

Le colonel fit mettre ces pièces en batterie, fit prendre les armes au détachement du Merlan, posta ses troupes, en un mot, prit toutes ses dispositions pour repousser une nouvelle et sérieuse attaque de l'ennemi.

Les Prussiens n'y songeaient guère, car ils n'envoyèrent même pas un obus sur cet intempestif déploiement de forces, qu'ils ne virent probablement pas. Pendant ce temps, à Bondy, nos hommes étaient fort tranquillement rentrés dans leurs caves.

La seule chose qui pouvait advenir de cette inutile démonstration dont mon chef de détachement me rendit compte plus tard, c'est que, si l'ennemi l'avait aperçue et avait dirigé son tir sur le Merlan, il nous eût tué un certain nombre d'hommes sans la moindre nécessité.

Nous vîmes bientôt nous-même le colonel Reille à Bondy ; je me plais à reconnaître que ce fut la seule fois pendant tout le temps que dura le bombardement ; il accompagnait M. le général Ducrot.

Ce dernier se fit rendre compte du combat et me chargea d'adresser ses félicitations à mon bataillon ainsi qu'aux éclaireurs qui avaient si bien fait leur devoir.

Je lui répondis que, depuis que nous étions aux avant-postes, mes mobiles et leurs officiers avaient constamment prouvé le même courage et la même discipline en face de l'ennemi qu'en cette circonstance ; je lui citai le capitaine de Merval (compagnie de Gournay), et le lieutenant Blanchet (compagnie de Forges-les-Eaux), comme s'étant surtout distingués par leur entrain et leur sang-froid pendant l'action.

Ayant observé combien les deux mitrailleuses attachées à notre brigade eussent été utiles si nous les avions eues soit au cimetière, soit le long du canal, je demandai qu'on nous en donna au moins une pendant nos gardes à Bondy. Ceci me fut refusé ; le commandant de la brigade ne voulut pas s'en dessaisir, prétendant qu'elles devaient être uniquement placées sous sa haute direction. D'ailleurs, il craignait qu'elles ne nous fussent enlevées par l'ennemi ; crainte toute chimérique que rien ne justifiait jusqu'alors et ne justifia dans la suite.

Ces deux mitrailleuses restèrent donc remisées à Noisy et ne furent d'aucune utilité pour la défense ; au lieu de courir le risque d'être enlevées par les Prussiens, au moins après leur avoir fait du mal, elles leur furent remises intactes lors de la capitulation.

Je fis encore dans la suite une demande que je considérais comme très-importante : je suppliai notre général de nous enlever les gardes nationaux, ou, du moins, de leur donner à garder le Merlan et de confier à notre seul bataillon réuni, ainsi qu'aux éclaireurs, la défense de Bondy.

Je lui prouvai que la garde nationale était plutôt nuisible qu'utile dans les tranchées, en lui citant ce qui s'était passé à l'attaque du 5 janvier et les faits suivants qui se produisirent plus tard.

Chaque fois que nous étions de service, nous avions, pendant les vingt-quatre heures, à constater la mort d'un ou de plusieurs gardes nationaux tués non par l'ennemi, mais par leurs propres camarades ; pendant la nuit, ils tiraient à tout instant, saisis de panique et croyant voir partout des ennemis ; trop souvent alors leurs coups, au lieu d'être dirigés droit devant eux, s'égaraient de côté et atteignaient les défenseurs ; il en est même qui perdaient la tête au point de tirer en arrière.

Il était impossible avec des hommes aussi peu habitués au service des avant-postes d'envoyer des patrouilles ou de faire des rondes en avant des lignes de défense ; aussi, nous avions dû renoncer à l'excellent système que nous avions adopté et qui était praticable avec nos seuls mobiles, de placer des sentinelles perdues à cent mètres en avant des tranchées ou des murs ; les gardes nationaux tiraient dessus.

Il faut dire que ce manque de sang-froid provenait au moins autant de l'inexpérience des hommes que du manque d'autorité et de négligence des officiers.

Nous avons eu avec nous quelques excellents bataillons qui se sont parfaitement conduits à l'occasion ; mais, ils étaient commandés par d'anciens militaires qui savaient organiser le service et donner de la confiance à leurs soldats.

A côté de ces rares bataillons, nous en eûmes beaucoup sur lesquels il était impossible de compter et dont les officiers ne possédaient pas la moindre notion de leur métier.

Ainsi la plupart, au lieu de ne poser qu'un certain nombre de sentinelles, de les faire relever toutes les heures et de les tenir sans cesse en haleine par des rondes multiples, se contentaient de placer toutes leurs compagnies en faction dans les tranchées et les y laissaient depuis le moment où ils arrivaient, vers sept heures du soir, jusqu'au lendemain au jour ;

eux-mêmes allaient s'installer le plus confortablement possible (dans les caves les plus proches) autour d'un bon feu.

Pendant ce temps, leurs hommes, n'ayant personne pour les guider et les surveiller, se réunissaient par groupes aux extrémités des tranchées, le plus près possible des postes occupés par les mobiles et les éclaireurs, causaient, fumaient et finissaient par s'endormir, laissant au hasard la garde de la ligne; à la moindre fausse alerte, ils sautaient sur leurs armes, tiraient de tous côtés, jusqu'à ce qu'ils eussent tué quelqu'un des leurs; en cas d'alerte véritable, ils s'enfuyaient.

Malgré tout ce que je pus dire, on ne voulut jamais nous en débarrasser; on prétendit que le gouvernement de la Défense ne pouvait pas enlever à la garde nationale ces postes d'honneur où elle avait elle-même demandé à aller et où elle se conduisait si bien, au dire des journaux de Paris et d'après ce que ces héros racontaient eux-mêmes, lorsqu'ils rentraient dans leurs foyers, au bout de leurs huit jours d'avant-postes.

Obligé de les conserver à nos côtés, je voulus du moins rendre impossible ce qui avait eu lieu le 5 janvier. Aussi, chaque fois que nous prîmes la garde après cette époque, je plaçai l'une de mes compagnies dans les caves de l'ancien château, derrière le milieu de la grande tranchée occupée par les gardes nationaux, avec ordre de tirer sur ces derniers dans le cas où ils abandonneraient de nouveau leur poste. Je les prévenais moi-même, dès notre arrivée à Bondy, de la mission donnée à cette compagnie de réserve et j'exigeais que les officiers restassent avec leurs hommes.

Quelques jours avant le 5, le gouverneur de Paris avait envoyé une lettre de félicitations aux défenseurs de Bondy pour leur attitude sous le feu de l'ennemi.

Le 6, le général Ducrot publia un ordre du jour motivé par le combat de la veille et que nous reproduisons textuellement :

ORDRE

« Depuis neuf jours, les troupes qui occupent Bondy et le Drancy ont supporté un bombardement des plus violents, avec une énergie qui leur fait d'autant plus d'honneur que cette ténacité et ce courage passifs sont plus rares et plus difficiles que la vaillance spontanée du champ de bataille.

« A plusieurs reprises, les troupes ont eu à résister aux attaques de l'ennemi qu'elles ont reçu avec une fermeté et une solidité dignes d'éloges.

« Le général en chef cite, à cette occasion : la brigade Lespiau (121e et 122e de ligne), la 22e batterie du 4e régiment d'artillerie commandée par le capitaine Gandolff, la brigade Reille (bataillon du Tarn et 3e bataillon de la Seine-Inférieure), le 4e bataillon des éclaireurs de la Seine.

« Hier matin, 5 janvier, les troupes de Bondy ont été vivement attaquées par l'ennemi. Elles l'ont attendu avec sang-froid et repoussé avec vigueur en lui faisant éprouver des pertes sensibles.

« Le général en chef cite, comme s'étant fait remarquer particulièrement par leur courage et leur belle conduite en cette circonstance :

« MM. le capitaine Brécard, le capitaine du Barry de Merval et le lieutenant Blanchet, du 3e bataillon de la Seine-Inférieure ;

« Pegret et Braud, du 4e bataillon des éclaireurs de la Seine.

« Au grand quartier général des Lilas.

« Le 6 janvier 1871.

« Le général, commandant en chef,

« Signé : DUCROT. »

Cet ordre fut suivi d'une demande d'état de propositions faite par M. le général d'Exéa pour une croix d'officier de la Légion d'honneur, le capitaine Brécard, et pour deux croix de chevalier, le capitaine du Barry de Merval et le lieutenant Blanchet.

Pendant son séjour à Noisy-le-Sec, notre brigade n'exécuta qu'une seule fois, et par ordre, une reconnaissance offensive sur les positions de l'ennemi.

Pour toute la ligne, depuis le Drancy jusqu'à la Marne, l'ordre arriva, le 14 janvier, de lancer des colonnes légères sur les avant-postes prussiens, de façon à faire des prisonniers et à détruire les ouvrages avancés de l'ennemi. L'objectif de notre brigade devait être une maison carrée située sur la lisière de la forêt, en face du village de Bondy, servant de poste aux Prussiens et désignée, à cause de sa couleur, sous le nom de la Maison-Grise.

Notre bataillon ayant été de service la nuit précédente, dut rester en réserve à Noisy; l'opération fut effectuée par le régiment du Tarn et le bataillon des éclaireurs de la Seine, sous la haute direction du colonel commandant la brigade; elle échoua complétement.

Jusqu'à l'instant où les troupes prirent leurs positions respectives, l'artillerie des forts et des redoutes accabla de projectiles les batteries du Raincy et les avant-postes ennemis. L'action de l'infanterie fut donc parfaitement préparée; les Prussiens ne donnaient plus signe de vie.

Aussi les colonnes purent atteindre la lisière du bois sans tirer un seul coup de fusil et surprirent un petit poste avancé, dont les défenseurs, saisis d'une panique indicible, se sauvèrent du côté des Français. C'est ainsi que l'on fit trois prisonniers.

Ils étaient tout jeunes, et, lorsqu'on me les amena à Noisy, je pus constater que deux pleuraient comme de véritables enfants qu'ils étaient. J'eus beaucoup de peine à les calmer.

Cette capture fut le seul résultat de l'opération; car, après comme avant, la Maison-Grise était encore debout.

Le commandant de la brigade prétendit que cet échec était dû à la mauvaise qualité de la dynamite employée pour faire sauter cette habitation; elle n'avait pas voulu s'enflammer. Il n'en savait rien, par la bonne raison qu'il avait dirigé l'opération bien abrité dans la tranchée, auprès du cimetière.

La vérité, que nous tenons de ceux qui furent acteurs en cette circonstance, est que les colonnes d'attaque dévièrent de leur route et n'atteignirent pas le but qui leur avait été assigné. Le capitaine du génie et ses aides, chargés de placer la dynamite et de mettre le feu, nous affirmèrent qu'ils s'étaient trouvés seuls en face de la Maison-Grise; il leur avait été facile d'y arriver, puisqu'il suffisait pour cela de suivre tout droit la grande route de Metz. Ayant en vain attendu les troupes qui devaient les soutenir, ils étaient tranquillement revenus à Bondy.

Notre bataillon qui, en principe, regrettait de ne pas être de l'expédition, ne put après que se féliciter de n'y avoir pas pris part.

XIII

La capitulation.

Pour achever l'histoire de notre bataillon, il nous reste à faire le récit des journées les plus tristes de notre séjour à Paris, les dernières, celles qui virent s'accomplir la capitulation et les douloureux événements qui la suivirent jusqu'au moment où il nous fut enfin possible de franchir, mais vaincus, désarmés, le cercle de fer qui nous enserrait depuis six mois et de regagner notre pays, notre chère Normandie.

Les hostilités cessèrent définitivement le 27 janvier 1871, à minuit, juste un mois après le commencement du bombardement; le siége avait duré quatre mois et douze jours.

Il n'y avait presque plus rien à manger dans Paris, puisque la ration journalière était réduite à 30 grammes de viande et à 300 grammes de pain.

Une lassitude générale s'était emparée des défenseurs qui ne voyaient pas d'issue à la lutte, sauf la capitulation. Ils savaient maintenant qu'ils n'avaient nul secours à attendre de la province, que toutes nos armées avaient été battues et repoussées loin d'eux. Ils ne pouvaient plus croire aux dépêches mensongères de M. Gambetta; il n'y avait pas d'illusions possibles; tout était bien fini; nous étions vaincus! La durée et l'héroïsme de la résistance de Paris n'avaient servi qu'à inscrire aux annales militaires de la France une belle page de plus, afin d'amortir, si cela était possible, la hauteur et la dureté de la chute.

Malgré la conclusion de l'armistice, quelques coups de canon furent encore tirés le matin; ils partirent du fort de Noisy-le-Sec; voici en quelles circonstances :

Lorsque les marins du fort apprirent la capitulation et surent qu'ils allaient être obligés de rendre leur forteresse aux Prussiens, ils sautèrent, sans aucun ordre, sur leurs canons et tirèrent à toute volée sur les batteries du Raincy. Leurs officiers eurent beaucoup de mal à les ramener dans le devoir et à faire cesser ce tir insensé, mais excusable.

Les Prussiens ripostèrent par le même nombre de coups dirigés sur le fort, et l'un des projectiles vint éclater derrière le village de Noisy, à côté de notre cantonnement. Il eût été doublement malheureux de périr par ce dernier obus, pour ainsi dire, illégal!

A huit heures du matin, tous les chefs de corps de Paris et de l'extérieur furent convoqués au ministère de la guerre pour y recevoir la notification officielle de la capitulation, déguisée mal à propos sous le nom d'armistice, et des principales conditions de cette convention.

M. le général Trochu, comme chef du gouvernement de la Défense nationale, ne laissa pas échapper cette occasion de nous faire un discours. Il nous y rappela cette vérité qu'il avait déjà dite au commencement du siége : « Toute ville assiégée et non secourue est perdue! »

Il eût pu ajouter: surtout lorsqu'elle n'a pas d'armée pour la défendre, ce qui n'avait pas été le cas de Metz ; ce qui était celui de Paris, où il n'avait jamais existé d'armée réelle ; car les troupes étaient restées avec des cadres incapables de les commander et avant tout de les soumettre à une discipline de fer, indispensable en cette circonstance.

M. le général Leflô, ministre de la guerre, prit à son tour la parole et nous adressa une allocution des plus chaleureuses, mais des plus maladroites. Il nous parla de l'avenir, de la vengeance, de la haine contre les Prussiens ; tous ces sentiments étaient dans nos cœurs et y sont encore plus qu'il ne pouvait l'exprimer ; mais, il ne devait pas, lui, membre du gouvernement, oublier que nous étions à la merci de nos ennemis, que nous étions les vaincus, et que l'écho de ses paroles au dehors pouvait nous attirer des conditions encore plus dures, si cela était possible.

Nous fûmes trompés sur l'étendue de ces conditions ; ce ne fut que le lendemain, après la reddition de nos avant-postes et de nos forts, une fois dans Paris, que nous sûmes par l'*Officiel* toute la vérité.

C'est ainsi que l'on nous annonça que, si l'ennemi prenait possession de nos forts, il s'engageait à ne pas entrer dans Paris ; on négligea de nous dire : pendant la durée de l'armistice ; mais après ?

On nous fit valoir cette considération que nous n'irions pas comme prisonniers en Allemagne, et que douze mille hommes resteraient armés; mais, à côté, il fallait livrer nos armes à l'ennemi.

Ce qui nous révolta le plus, ce fut d'apprendre que M. Jules Favre avait obtenu que la garde nationale de Paris conserverait ses armes; on avait osé ajouter : Comme un hommage rendu à son héroïque conduite!

Il était réservé à notre bataillon de monter la dernière garde d'avant-poste à Bondy. Le 28 janvier, à sept heures du soir, deux de nos compagnies prirent le service et eurent la garde de la ligne depuis le canal jusqu'au cimetière. Ce n'était plus qu'un poste de police pour empêcher les communications avec l'ennemi.

Malgré cela, nos hommes causèrent avec les Prussiens. Ils étaient tous heureux de voir enfin finie cette guerre qui leur avait semblé interminable en comparaison de celle de 1866 ; ils avaient la plus grande hâte de retourner dans leur pays.

Ils rendirent à nos hommes ce précieux témoignage: Vous nous avez fait beaucoup de mal, mais nous ne vous en voulons pas. Ils étaient les vainqueurs!

Le 29, à neuf heures du matin, nos deux compagnies évacuèrent définitivement Bondy, le livrant aux Prussiens qui suivaient nos troupes à environ un kilomètre de distance. Nous rendîmes cet avant-poste sans avoir cédé à nos ennemis, malgré un mois de bombardement et des attaques réitérées, une seule des positions confiées à notre garde, tel que nous l'avions reçu, mais en ruines, inhabitable.

Nous quittâmes bientôt le village de Noisy pour rentrer à Paris, en passant devant le fort de Noisy.

Là, un spectacle pénible nous était réservé : nous fûmes témoins du désespoir de ces braves marins qui avaient défendu cette forteresse d'une façon si héroïque et qui, en maintes circonstances, avaient versé leur sang à flots en infligeant des pertes cruelles à nos ennemis. Il semblait à ces intrépides défenseurs qu'ils livraient leurs vaisseaux, et il vint à la pensée de plus d'un de le faire sauter et de s'ensevelir sous ses ruines plutôt que de le rendre. Leurs cœurs étaient à la fois remplis de tristesse et de colère. Les sentiments qui les animaient se lisaient sur leurs figures dont l'expression était navrante.

Nous apprîmes par eux que non-seulement ils abandonnaient leur artillerie et leurs munitions, mais encore des magasins remplis d'un stock considérable de vivres. Voici comment ce fait s'explique.

En venant à Paris, ils avaient procédé de même que lorsqu'ils s'embarquaient pour un long voyage ; ils avaient apporté avec eux pour six mois de vivres de toutes sortes. Le siége n'ayant duré que quatre mois et demi, il leur restait un mois et demi de provisions.

Les commandants des forts avaient expédié dépêches sur dépêches à l'intendance pour faire enlever cette réserve si précieuse au moment où Paris mourait de faim ; tout avait été inutile ; aucune voiture ne fut envoyée ; aucune mesure ne fut prise pour sauver ces approvisionnements. Ils furent livrés, comme le reste, aux Prussiens qui en profitèrent, tandis que nos hommes, pendant les huit jours qui suivirent la capitulatione eurent à peine de quoi manger.

Nous pouvions, en passant devant le fort de Noisy, y pénétrer et charger nos hommes de huit jours de vivres avant de gagner Paris. L'entrée du fort nous fut formellement interdite ; on y attendait les Prussiens ; les troupes françaises en étaient chassées.

En rentrant en ville, nous dûmes traverser les quartiers de Ménilmontant, de Belleville et de la Villette. Partout, nous fûmes l'objet des insultes et des menaces de la population qui nous récompensait ainsi des quatre mois de souffrances que nous venions d'endurer pour sa défense.

Ceux-là même qui s'étaient lâchement enfuis aux avant-postes, que nous n'étions parvenus à maintenir dans leurs tranchées qu'en les menaçant de les fusiller, se montraient les plus irrités par la capitulation, voulaient la guerre à outrance et ne songeaient qu'à nous voir désarmés afin de pouvoir se venger sur nous de ce que, par notre attitude honnête et résolue en face de l'émeute, nous les avions empêchés d'arriver à leur but : La Commune.

Et c'étaient ces gens-là qu'on laissait armés tandis que l'on privait de leurs armes les hommes du devoir, du sacrifice, les véritables défenseurs de Paris ! C'était à la merci de ces gens-là qu'on allait nous livrer! Où donc étaient les promesses faites par M. le général Trochu, lorsqu'il avait eu besoin de nous pour triompher de l'émeute, lorsqu'il nous avait juré, en échange de notre concours loyal et dévoué, de ne jamais nous abandonner ?

Rien n'avait été préparé dans Paris pour le logement des troupes qui y rentraient de tous les côtés ; ni cantonnements chez les habitants, ni baraquements, pas même d'espace où l'on pût camper sous la tente au moins provisoirement. Nos états-majors, de même que l'intendance, avaient tenu à prouver, jusqu'au dernier moment, leur incapacité.

Ces messieurs prétendirent qu'ils avaient été surpris par la capitulation et qu'il leur était impossible de régler en peu de temps la répartition d'une aussi grande quantité de troupes. Mais le gouvernement devait savoir, par ce qui restait de vivres, l'époque précise à laquelle la défense devait cesser ; il pouvait donc tout faire préparer, au moins huit jours à l'avance, pour l'instant où la cessation des hostilités et la rentrée des troupes dans la ville auraient lieu.

Notre brigade resta jusqu'à environ cinq heures du soir sans savoir non-seulement où elle passerait la nuit, mais même où aller. Enfin, on voulut bien lui accorder, pour se réfugier, une partie des abattoirs de la Villette.

Ces grands bâtiments au pavé humide, admirablement aérés pour leur usage, mais infiniment trop pour abriter des hommes au milieu de l'hiver, ne pouvaient convenir à nos mobiles atteints, pour la plupart, de maladies de poitrine, ayant besoin de repos et de soins. C'est pourquoi, sauf aux hommes de service, je permis à tous d'aller coucher dans Paris chez les personnes qu'ils connaissaient ou dans leurs anciens logements, si l'on voulait les y recevoir.

L'attitude hostile des habitants de ce quartier et des quartiers environnants à notre égard s'accrut chaque jour davantage. D'un autre côté, la juste exaspération de nos hommes allait croissant en face des insultes de toute espèce dont ils étaient à chaque instant l'objet. Nous leur recommandions la plus grande modération, la plus extrême patience. En même temps, nous leur prescrivions de ne jamais sortir isolés, mais par groupes de plusieurs, car nous craignions de les voir assassinés.

La situation était devenue intolérable, et des rixes étaient imminentes, lorsque nous reçûmes nos billets de logement pour le quartier de la Bourse, le 1er février.

Là, nous eûmes à constater le changement radical qui s'était opéré dans l'esprit de la population à notre égard. Autant, lors de notre arrivée à Paris, nos hommes avaient été bien accueillis et fêtés comme des sauveurs, autant les habitants montrèrent de la répugnance à leur donner de nouveau l'hospitalité. Leurs vêtements en lambeaux et leurs figures hâves ne suffisaient pas pour plaider en leur faveur et témoigner des privations et des souffrances qu'ils avaient endurées aux avant-postes ; le danger était passé ; leurs services étaient de suite oubliés; on n'avait plus besoin d'eux!

Bien des maisons se fermèrent devant nos mobiles, bien des habitants réclamèrent contre le logement qu'on leur imposait et qu'on prolongeait beaucoup trop au gré de leurs désirs; il fallut invoquer la loi, avoir recours aux autorités et à la force pour obtenir un asile chez quelques-uns.

Le 16 février, les corps d'armée, divisions et brigades de l'armée de Paris furent dissous, et les troupes passèrent sous le commandement des généraux placés à la tête des secteurs dans lesquels elles se trouvaient cantonnées.

Le désarmement commença dans chacun de ces secteurs. Alors, il se produisit ce fait étrange et qui devait être le couronnement du siége et la dernière honte que nous étions destinés à supporter : à mesure que nous versions nos fusils, ils étaient mis au pillage, dans les magasins même où nous les déposions, par les partisans de la guerre à outrance et de la Commune, par ceux-là qui nous avaient insultés à notre rentrée dans Paris, qui nous avaient menacés de tourner nos propres armes contre nous.

Dès que je fus instruit de ces faits, je courus chez M. le général Vinoy, et je le priai de m'autoriser à conserver ce qui me restait encore de fusils jusqu'au moment où nous quitterions Paris. Je ne voulais pas laisser nos hommes sans défense au milieu d'une telle population.

J'obtins cette autorisation. J'installai un poste auprès de la Bourse; je le fournis de tout ce qui nous restait de cartouches, et je donnai, par écrit, l'ordre aux officiers de garde de faire tirer, jusqu'à l'épuisement des munitions, sur tout groupe d'agresseurs qui voudraient s'emparer de nos dernières armes.

Enfin, le 4 mars, nous reçûmes l'ordre de nous préparer à

partir le 6, pour retourner dans nos foyers. Nous dûmes faire, le 5, le versement de tout notre matériel, et de ce qui nous restait en magasin; mais, cette fois encore, l'imprévoyance fut poussée à tel point que l'on oublia de nous indiquer où nous devions opérer ces versements. Il fallut donc, au dernier moment, porter tout pêle-mêle, sans ordre, sans comptes pris, sans reçus, dans les magasins centraux. Plus de trente bataillons accomplirent à la fois cette opération.

Du reste, la Commune se chargea de régler ces comptes en mettant au pillage tous les approvisionnements de l'armée.

Le 6, nous quittâmes Paris sans regrets, le cœur soulagé, après avoir franchi l'enceinte de cette ville pour laquelle nous avions tant souffert, qui en avait si peu gardé la mémoire, et pressentant la terrible et hideuse insurrection qui devait fatalement la couvrir de sang et de ruines quelques semaines plus tard.

Pendant quatre jours, nous dûmes traverser, sans armes, les départements occupés par nos ennemis dont nous rencontrâmes les troupes partout sur notre passage. Si notre vue suscita en eux une vive curiosité, nous devons leur rendre cette justice qu'ils eurent toujours une conduite parfaite à notre égard, comme envers des vaincus que l'on estime. Chaque fois que nous passions devant un de leurs postes, ces postes sortaient pour nous rendre les honneurs.

Ce qui fut pour nous une douce consolation et ce qui contrastait avec les pénibles impressions que nous avions emportées de Paris, ce fut l'accueil sympathique que nous reçûmes de nos propres compatriotes. On eût dit qu'ils voulaient, à force de soins, d'affection, nous faire oublier notre défaite et nos souffrances. Ils étaient heureux de revoir au milieu d'eux des uniformes français; ils trouvaient toujours, malgré les réquisitions prussiennes, quelque nourriture propre à réconforter nos hommes; le matin, lorsqu'il fallait quitter le gîte de la veille pour gagner le gîte suivant, toutes les voitures du pays, même sans demande, chargeaient nos mobiles et les transportaient à l'étape prochaine afin de leur épargner les fatigues de la route.

Nous nous retrouvions en France, chez les nôtres, après avoir été pendant six mois en exil dans Paris.

Le 9 mars, nous étions tous rentrés dans nos foyers, sauf ceux, trop nombreux par malheur, qui ne devaient jamais y revenir et dont le chiffre total s'éleva à près de quatre-vingts.

XIV

Ordre final du bataillon.

Au moment de me séparer de mes mobiles, je leur adressai, comme adieu, l'ordre du jour suivant, qui n'est que l'expression des sentiments d'estime et d'affection que leur conduite avait fait naître en moi :

GARDE NATIONALE MOBILE DE LA SEINE-INFÉRIEURE

3ᵉ BATAILLON. — ORDRE DU BATAILLON

SOLDATS,

Avant de vous quitter, je tiens à jeter avec vous un coup d'œil sur le passé et à vous rendre hautement justice.

Enlevés jeunes et sans expérience à vos familles, à vos

occupations, beaucoup d'entre vous, par malheur, à vos exploitations, vous avez dès le principe montré un courage et une bonne volonté dont je n'avais jusqu'à présent trouvé aucun exemple dans ma carrière militaire passée. C'est grâce à votre zèle et à votre obéissance, autant qu'au dévouement et au concours intelligent de vos officiers, que j'ai pu, après quinze jours d'exercices, déclarer sans mentir que vous étiez prêts pour le combat. Vous aviez tous compris qu'un immense devoir nous était imposé, celui d'être de suite en état de défendre notre patrie contre l'étranger.

La première fois que vous avez été au feu, le 30 octobre, au combat du Drancy, vous avez été fortement éprouvés. Pendant deux heures vous êtes restés exposés aux projectiles de l'artillerie ennemie sans pouvoir y répondre, pour ainsi dire sans défense. Je suis heureux et fier de vous le dire une fois encore : pas un seul de vous n'a manqué à son devoir, pas un n'a reculé; comme de vieux soldats, vous êtes tous restés inébranlables à votre poste; lorsque l'heure de la retraite a sonné, c'est avec un calme et un ordre parfaits que vous avez quitté le lieu du combat.

Dès ce jour, j'ai vu que vous teniez ce que vous aviez promis, et j'ai pu dire de vous en toute circonstance : Ce sont des hommes de cœur! J'en réponds!

J'avais raison de parler ainsi; vous l'avez prouvé dans les grands combats auxquels nous avons assisté le 30 novembre, le 2 et le 21 décembre, et surtout en faisant, pendant près de quatre mois, avec une admirable abnégation, le plus pénible service d'avant-postes à Bobigny, à Maisons-Alfort et Créteil, à Neuilly-sur-Marne, enfin et principalement, à Bondy.

Dans les divers combats d'avant-postes que vous avez livrés, l'ennemi a pu se convaincre que vous étiez prêts toujours à le recevoir vigoureusement, et jamais à lui céder vos positions, même après une longue lutte.

Je ne saurais trop vous féliciter du courage, du sang-froid et de la discipline dont vous avez fait preuve pendant tout le temps du bombardement de Bondy. Une existence presque intolérable dans des caves enfumées ; à tout instant, dans le service, une mort brutale qu'une pluie d'obus faisait planer sur vous ; au moins d'horribles blessures en perspective, vous avez tout souffert sans murmurer et en dignes fils de notre belle et brave patrie.

Vos chefs vous ont donné, à la face de tous, un éclatant témoignage de leur satisfaction. Vous avez mérité l'insigne honneur d'être cités, le 6 janvier, à l'ordre du jour de l'armée. C'est la plus grande récompense qu'un général en chef puisse donner à une troupe.

Par suite d'une protection providentielle dont nous devons tous remercier Dieu, et qui nous vient, peut-être, des prières de ceux qui, au pays, pensaient à nous, nous avons sans cesse été épargnés. Nous ne laisserons que peu d'entre nous en arrière ; nous n'aurons que peu de larmes à sécher au retour. C'est là une immense consolation lorsque, comme nous, depuis le premier jusqu'au dernier instant, on a fait son devoir.

Je vous remercie de votre belle et noble conduite et pour moi-même et pour notre patrie ; je remercie vos excellents officiers qui m'ont prêté un concours si actif, si dévoué et qui ont compris qu'étant partis à votre tête le jour du danger, il était de leur devoir et de leur honneur de vous ramener eux-mêmes dans votre pays. Je suis heureux d'avoir obtenu, pour plusieurs d'entre eux et d'entre vous, les récompenses que j'ai demandées et que je considère comme un acte de justice.

Quel que soit l'avenir que Dieu vous réserve, en quelque position que vous vous trouviez plus tard, rappelez-vous toujours que vous avez fait partie d'une grande famille dans les circonstances les plus pénibles, et conservez les uns pour les autres l'estime et l'affection que les gens de cœur se doivent entre eux.

Quant à moi, je vous prie de ne jamais m'oublier lorsque vous aurez un service à me demander. Soyez persuadés que, si cela m'est possible, je me ferai un devoir en même temps qu'un plaisir de vous être utile. Ceci n'est pas une vaine promesse, mais l'offre sincère d'un homme que vous devez connaître et que vous avez, je l'espère, appris à estimer.

Le Commandant,

CHARLES BESSON.

XV

Récompenses.

Par décret du 8 décembre 1870 :

Chevalier de la Légion d'honneur :

M. Besson, chef de bataillon.

Médaille militaire :

M. Morin, adjudant sous-officier.

Par décret du 7 février 1871 :

Officier de la Légion d'honneur :

M. Brécard, capitaine.

Chevaliers de la Légion d'honneur :

MM. Bouvier-Bangillon, capitaine adjudant-major; du Barry de Merval, capitaine; Blanchet, lieutenant.

Médailles militaires :

MM. Dupont, sergent-major; Lefrançois, caporal; Saunier, garde mobile; Déhayes, id.; Colard, id.

Nous pouvons dire, avec une légitime fierté, que toutes ces récompenses ont été amplement justifiées et méritées.

MM. Brécard, Morin, Bouvier-Bangillon et Dupont sont d'anciens militaires, ayant déjà à leur acquit de beaux états de service, et dont les deux premiers avaient reçu antérieurement des blessures.

MM. du Barry de Merval et Blanchet ont été cités à l'ordre du jour de l'armée.

Enfin, les gardes mobiles Lefrançois, Saunier, Déhayes et Colard ont reçu des blessures pendant le siége.

Il eût été à désirer que tous les chefs de corps et tous les généraux eussent agi avec le même discernement que nous pour la distribution des récompenses. On n'aurait pas eu ainsi à déplorer cette prostitution de la Légion d'honneur qui fut l'un des signes caractéristiques du siége de Paris et que l'on put surtout observer dans l'intendance et dans les états-majors.

Notre bataillon, loin d'avoir profité de cette honteuse curée de décorations, n'eut même pas la part de récompenses qui eût dû loyalement lui être accordée. Car, l'état de propositions demandé par le commandant en chef à la suite de l'affaire du 5 janvier devait, selon toute justice, rester en dehors des récompenses générales dévolues à notre brigade. Il fut, au contraire et avec intention, mêlé à cet ensemble, ce qui nous priva d'au moins deux croix et quatre médailles. Ce furent nos camarades du Tarn qui en profitèrent ; ce fut surtout leur colonel qui en bénéficia, puisqu'il arriva ainsi à obtenir, pour lui-même, une cinquième promotion. Pendant cette courte campagne de cinq mois, il parvint, en effet, à franchir trois grades dans la hiérarchie militaire et deux grades dans l'ordre de la Légion d'honneur !

XVI

État des officiers.

Chef de bataillon :
M. Besson.

Capitaine adjudant-major :
M. Bouvier-Bangillon ;

Médecin :
M. Lebail.

1re compagnie (Argueil et Boos) :
Capitaine, M. Mulot ; lieut., M. Pelcat ; sous-lieut., M. Pellerin.

2e compagnie (Forges-les-Eaux) :
Capitaine, M. Poisson ; lieut., M. Blanchet ; sous-lieut., M. Gaillard.

3e compagnie (Gournay) :
Capitaine, M. du Barry de Merval ; lieut. ; M. Mongars ; sous-lieut. ; M. Drély.

4e compagnie (Elbeuf) :
Capitaine, M. Gaubert ; lieut., M. Lannes ; sous-lieut., M. Nivert.

5e compagnie (Buchy et Clères) :
Capitaine, M. d'Arboval ; lieut., M. Papillon ; sous-lieut., M. Creton.

6e compagnie (Darnétal) :
Capitaine, M. Bayle ; lieut., M. Hébert ; sous-lieut., M. Ratiéville.

7e compagnie (Elbeuf) :
Capitaine, M. Brécard ; lieut., M. Bellest ; sous-lieut., M. Sanson.

TABLE

PARIS. — IMPRIMERIE RENOU ET MAULDE, RUE DE RIVOLI, 144. — 20288

www.ingramcontent.com/pod-product-compliance
Ingram Content Group UK Ltd.
Pitfield, Milton Keynes, MK11 3LW, UK
UKHW012225240726
13966UKWH00003B/959